Collection dirigée par
Gaëtan du CHATENET
Membre correspondant du Museum national d'Histoire naturelle

*Auteur :*
Bernard BOULLARD
*Illustrateur :*
Bernard DUHEM

# LES ARBRES

DELACHAUX ET NIESTLÉ

## PRÉFACE

L'arbre est un élément capital de la nature. Il est aussi - plus que le chien - le meilleur ami de l'homme. Boutade ? Suivez le guide que vous avez entre les mains et demandez-vous ce que ferait l'homme sans terre, sans eau et... sans animaux.

Il est un arbre de la forêt tropicale qui s'appelle parasol parce qu'il pousse très vite, fait de l'ombre et prépare ainsi le terrain pour ses congénères qui croissent plus lentement. Beau symbole de protection, que chaque arbre possède finalement d'une manière ou d'une autre. Associés vitaux pour nombre d'animaux et de plantes, éléments essentiels pour le maintien des sols, garants indispensables des berges des cours d'eau, trésoriers de la diversité biologique, receleurs de l'alchimie climatique, tels sont les arbres.

L'Homme n'a-t-il pas compris le lien solide, noueux, qui existe entre eux et lui ? Toujours est-il que 19 millions d'arbres tombent chaque jour dans le monde : sciés ou arrachés, tronçonnés ou brûlés, transformés en planches ou "contre-plaqués" en panneaux, débités en rondins ou pulvérisés en copeaux, ou encore laissés à pourrir dans les déserts herbeux qui succèdent aux forêts. S'il n'y avait que les besoins de base des humains... Mais il y a tout le reste : le luxe inutile de certains meubles ou aménagements, et le gaspillage monstre, comme ces coffrages à béton en bois (souvent tropical) que l'on détruit après deux ou trois utilisations.

Il est temps d'assimiler les principes de pérennité des forêts. Seule une exploitation qui respecte l'harmonie naturelle est acceptable. Le WWF a placé l'arbre au cœur de sa mission comme en témoignent les 200 projets de sauvegarde des forêts et de reboisement qu'il mène dans le monde.

**Olivier van Bogaert**
*responsable de l'information au WWF*

# AVANT-PROPOS

Très jeune encore, du fait de nos origines paysannes, nous avons cotoyé les arbres : arbres de cours de fermes, de cours d'écoles, arbres de haies, arbres des bois, arbres de la place du village, arbres des bas-côtés de la grande route, sur le chemin de la classe.

Nous avons partagé leur vie, au fil des saisons, voyant certains, des Feuillus, ressusciter, verdir, s'offrir l'habit d'Arlequin automnal, puis s'endormir pour quelques mois, en surveillant d'autres, apparemment immuables en leur grande houppelande d'aiguilles vert sombre, pointant vers le ciel leurs cimes pyramidales. Les plus jeunes des Résineux osaient se lancer dans la même ascension, et il arrivait alors qu'on en retrouve un, dans la petite salle à manger de la ferme, arborant fièrement au sommet de sa frêle flèche une symbolique étoile de Noël.

Comme nous aimerions, amis lecteurs, qu'après avoir parcouru ce guide vous éprouviez le même amour que nous pour ces nobles ligneux dont la permanence dans le paysage nous rappelle le rôle capital qu'ils y jouent :

• arbres des propriétés privées, des parcs et jardins, des squares et des ronds-points : voici pour l'esthétique ;

• arbres des bords de routes, des talus, des prairies, du bocage secret, des pays de vergers redoutant les tempêtes, des clos-masures cauchois soumis aux sautes d'humeur des vents marins : voilà pour la protection ;

• arbres de nos futaies feuillues, véritables cathédrales naturelles, ou de nos peuplements de Conifères parfaitement alignés, comme jadis les soldats de l'Empereur : c'est alors la production de bois qui est à l'ordre du jour.

Songeons aussi à la symbolique de l'arbre, aux multiples fonctions qu'il a remplies au fil des siècles, permettant à l'Ermite de chercher la lumière ou aux Résistants d'échapper à l'occupant pour mieux contrarier ses sinistres desseins !

Retenons aussi qu'en cette fin du XXe siècle il est encore des ethnies qui vivent dans les arbres, tels les Sémangs malais, sans cesse repoussés vers les parties les plus malsaines des sylves, qui n'ont pas de maisons, mangent toujours cru, et n'utilisent que des objets en bois.

On le voit, les arbres ont été, sont et seront toujours de grands compagnons de l'homme : grands par leur taille; grands par leur longévité; grands par les rôles qu'ils jouent et les leçons qu'ils donnent.

Il convient de ne pas les négliger ; mieux, il faut oser les approcher car, ainsi que l'a si bien exprimé Marcel Proust :

> *Nous n'avons rien à craindre, mais beaucoup à attendre de la tribu vigoureuse et pacifique des arbres qui produit sans cesse des essences fortifiantes et parfumées."*

Le célèbre
*Taxodium mucronatum*, du cimetière
de Santa María del Tule (Oaxaca, Mexique).
45 m de circonférence, 50 m de hauteur.

**Genévrier prostré**
*Juniperus horizontalis*
*"prostrata"*, 0,30 m.

# GÉNÉRALITÉS

Il convient d'écarter d'emblée arbuste et arbrisseau. L'arbrisseau, qui n'atteint pas 4 m de hauteur, est ramifié dès la base et donc dépourvu de tronc, le Berbéris ou le Forsythia, par exemple. L'arbuste, n'atteint pas 7 m, mais il offre par ailleurs tous les caractères d'un arbre : c'est donc un petit arbre.

L'arbre, qui dépasse toujours 7 m de hauteur, est caractérisé par :
- la possession d'une tige principale, ou tronc, qui se ramifie en branches de plus en plus ténues ;
- sa durée de vie et sa taille, le plus souvent imposantes.

**Pin des Montagnes Rocheuses** *Pinus aristata*, âgé de 5000 ans.

**Séquoia toujours vert**
*Sequoia sempervirens*, âgé de 3 000 ans.

**Épinette blanche**
*Picea glauca var. albertiana "conica"*, 2 m.

## PORT DE L'ARBRE

Les particularités du tronc et de ses branches confèrent à l'arbre un aspect singulier, un port. Cette silhouette peut inciter, selon les cas, à l'admiration ou à la pitié. Ce port diffère :

• selon l'espèce : c'est un moyen de reconnaissance à distance ;

• au sein d'une espèce, selon que l'arbre croît isolément en acquérant sa forme botanique, ou au sein d'un peuplement où s'exprime sa forme forestière ;

• en fonction des conditions de milieu, surtout sous la pression des facteurs climatiques. Citons en particulier les arbres-drapeaux, sujets fort exposés qui possèdent : un tronc souvent incliné dans le sens du vent dominant; des branches disposées unilatéralement sous le vent; voire même un tronc dissymétrique, du fait d'une croissance inégale.

Un port très particulier : **le Hêtre tortillard** *Fagus sylvatica tortuosa*. Initialement signalés à Verzy (Marne) où ils existent toujours, ces "Faux de Verzy" ont été introduits depuis dans maintes collections. De petite taille, ils étalent presque à l'horizontale, sur un tronc en vis de pressoir, des branches et des rameaux contorsionnées.

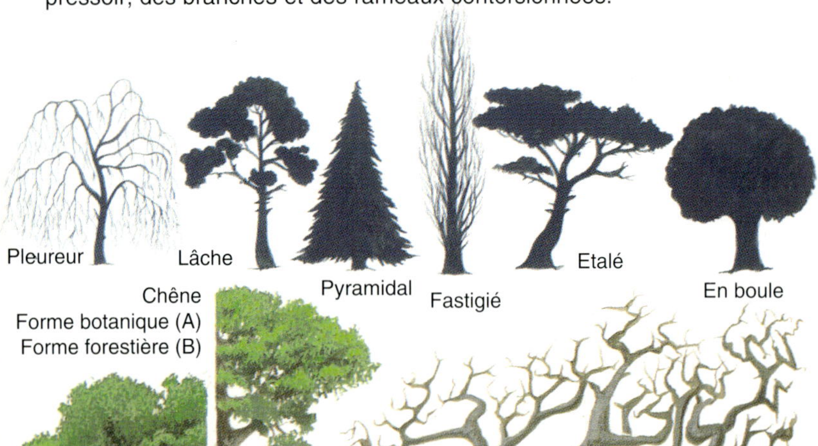


Chêne
Forme botanique (A)
Forme forestière (B)

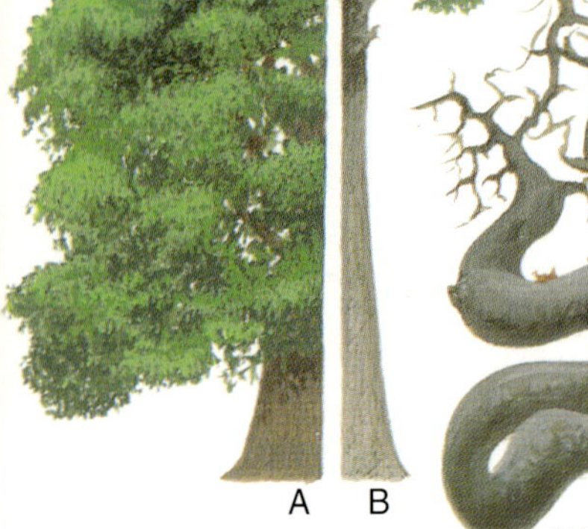

**Hêtre tortillard**

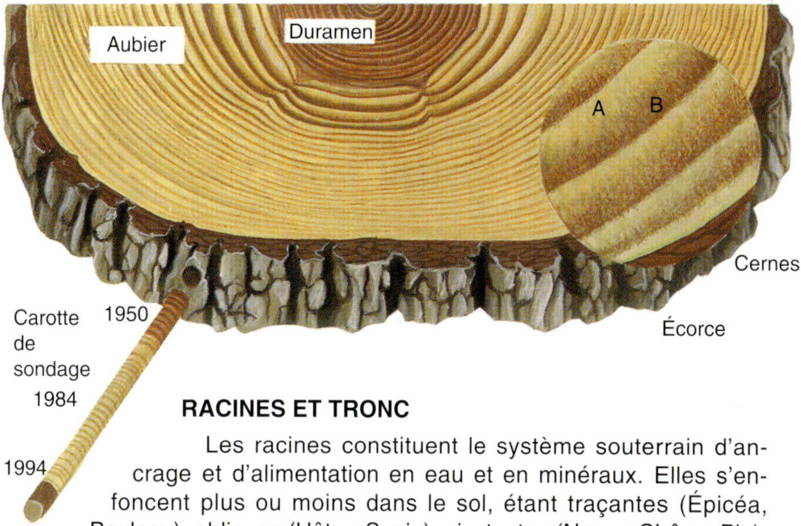


## RACINES ET TRONC

Les racines constituent le système souterrain d'ancrage et d'alimentation en eau et en minéraux. Elles s'enfoncent plus ou moins dans le sol, étant traçantes (Épicéa, Bouleau), obliques (Hêtre, Sapin), pivotantes (Noyer, Chêne, Pin). A l'extrémité de chacune d'elles existe une zone garnie de poils. Le tronc correspond à la tige qui a grossi. Il peut atteindre 6 m de diamètre chez un Séquoia géant. L'écorce constitue une très précieuse protection contre les sautes thermiques et contre divers ennemis des arbres.

La notion de cerne est liée à ce qu'en fonction des essences et de la saison fluctuent :

- les proportions vaisseaux / fibres / parenchyme chez les Feuillus (voir p. 18 et 19) ;
- l'épaisseur des parois des trachéides chez les Conifères.

Un cerne est donc une couche annuelle de bois au niveau de laquelle on distingue :

- du bois clair (A), riche en vaisseaux chez les Feuillus ou à trachéides à parois fines chez les Conifères ;
- du bois sombre (B), plus riche en fibres chez les Feuillus ou à trachéides à parois épaisses chez les Conifères.

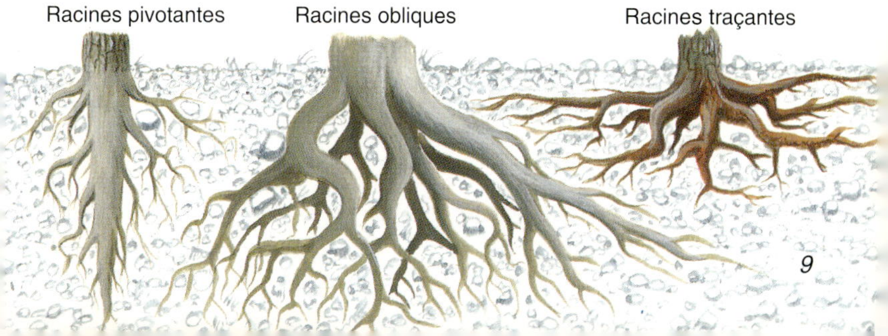

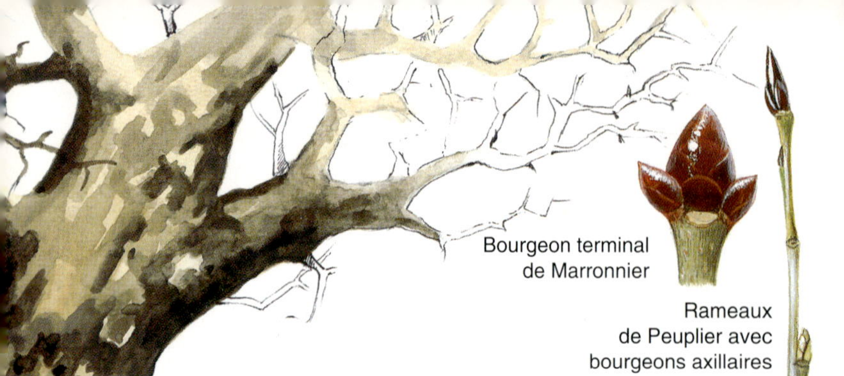


## HOUPPIER

Le houppier, ou cime, couronne le fût. C'est l'ensemble des branches de toutes tailles et, selon l'âge et la saison, des feuilles, des fleurs et des fruits.
Les bourgeons ne sont que la forme, encore condensée, des pousses qu'ils engendreront l'année suivante.

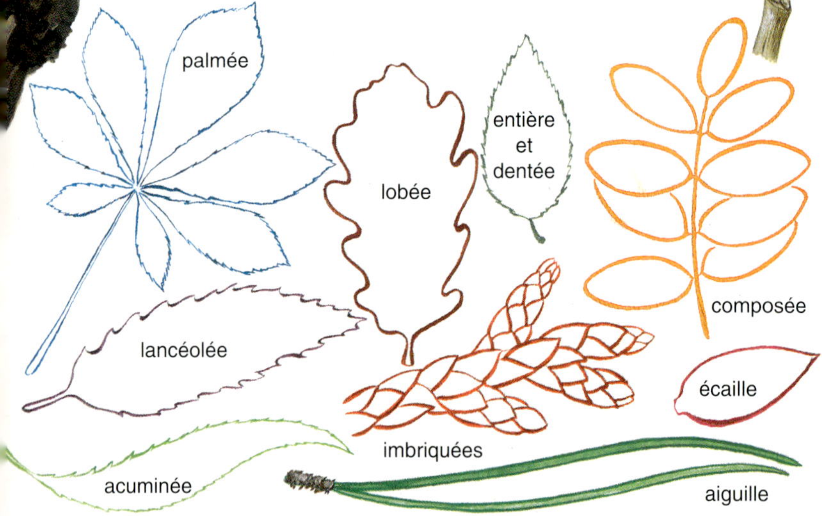


**Diverses formes de feuilles**

Les feuilles, organes fondamentaux, sont caractérisées par un limbe, ou partie élargie de la feuille, prolongeant souvent un pétiole, ou queue, le tout parcouru par des éléments conducteurs au niveau des nervures. La gamme des tailles, des formes et des couleurs de feuilles est inouïe.

## FLEURS

La fleur est un organe composé de pièces protectrices et de pièces fertiles, mâles ou femelles, impliquées dans la reproduction.

Les fleurs des CONIFÈRES ont pour pièces essentielles des étamines, mâles, et des carpelles, femelles, supportant un ou plusieurs ovules, à l'origine d'une ou plusieurs graines.

La fleur mâle est un petit cône d'étamines écailleuses, long de quelques centimètres. Les fleurs femelles sont groupées en cônes massifs, pouvant atteindre plusieurs décimètres. Chaque fleur comprend au moins un carpelle, porteur d'ovules et une petite feuille, nommée bractée, à l'aisselle du carpelle.

Jeune cône femelle de Cèdre

Fleur mâle de Saule

Fleurs mâles de Cèdre

Fleur femelle de Saule

Fleur femelle de Cèdre

Grappe

Chaton

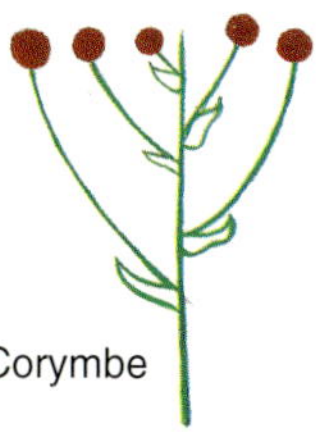
Corymbe

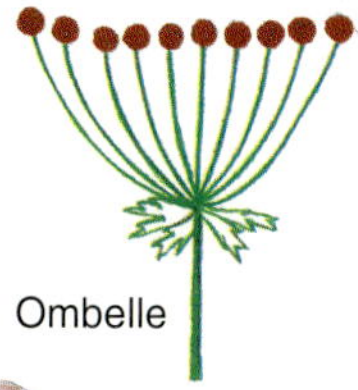
Ombelle

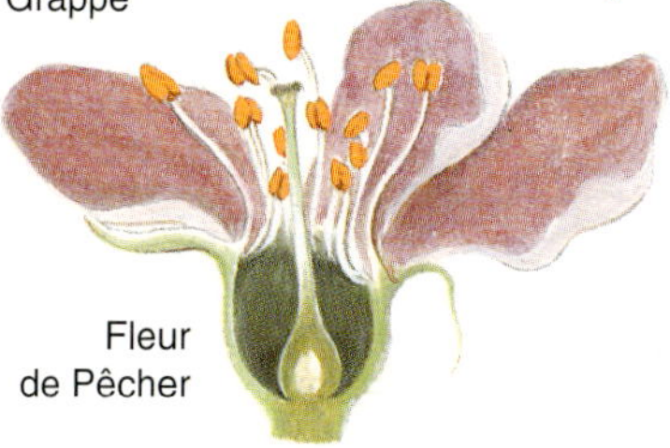
Fleur de Pêcher

Les fleurs des FEUILLUS sont plus évoluées. On distingue selon les essences :

• des fleurs bisexuées, complètes ou non, celles des Pruniers notamment ;

• des fleurs unisexuées, portées par un même individu comme chez le Chêne ;

• des fleurs unisexuées portées par des arbres mâles et femelles distincts, comme chez les Saules.

Complètes ou non, les fleurs sont souvent regroupées en inflorescences : grappes, chatons, corymbes et ombelles.

## CÔNES ET FRUITS

**Le Cône des Conifères** :

Ce n'est qu'une grappe dense de carpelles, ou écailles, supportant chacun 2 graines, le plus souvent. Les carpelles des fleurs femelles, s'accroissent jusqu'à l'approche de la maturité et retiennent les graines entre eux, prisonnières. A maturité, les cônes des Cèdres et des Sapins se désarticulent sur l'arbre, ceux des Pins et des Épicéas tombent entiers au sol, après avoir libéré leurs graines.

Cône d'Épicéa commun (12 à 15 cm)

Cône de Sapin pectiné (8 à 14 mm)

Cône de Thuya (15 à 18 cm)

Cône de Cyprès de Lawson (8 à 10 mm)

Cône de Cyprès de Lambert (30 à 35 mm)

Les fruits des FEUILLUS sont parfois charnus : pourvus de pépins, ce sont des baies ou des fruits pomacés; possédant un noyau, ce sont des drupes. Assez souvent ils sont secs : ce sont alors des gousses, des capsules, des samares,des disamares ou des akènes.

Pomme

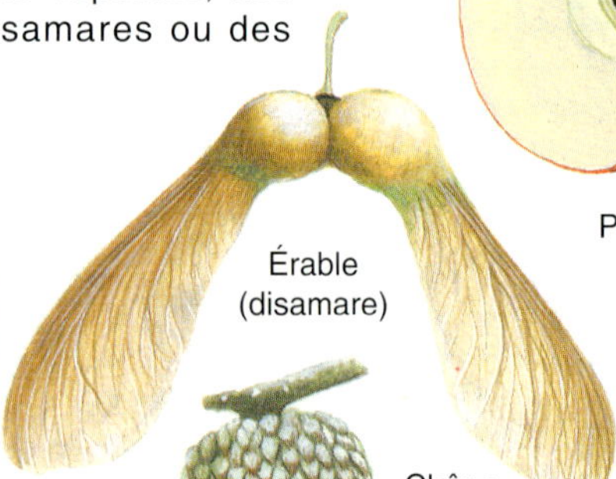

Érable (disamare)

Cerise (drupe)

Chêne (gland)

Paulownia (capsule)

Robinier (gousse)

## GRAINES

La graine est le produit de l'évolution d'un ovule fécondé. A l'approche de sa maturité, elle se déshydrate beaucoup et ne conserve parfois que fort peu d'eau.

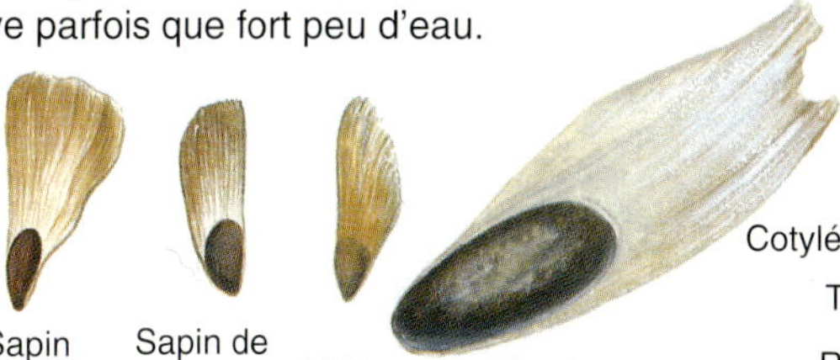

Sapin pectiné — Sapin de Douglas — Mélèze — Pin pignon

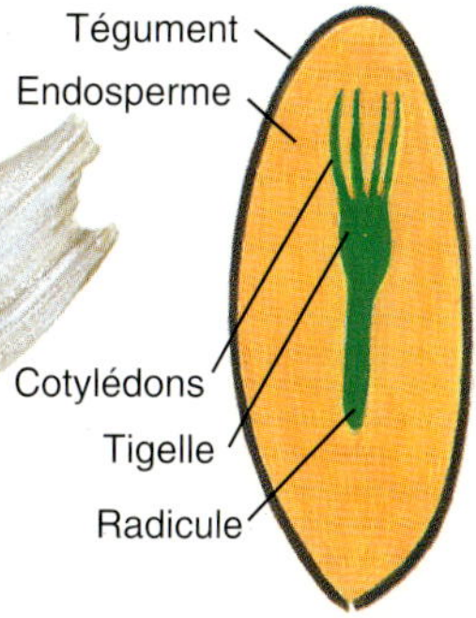


Coupe longitudinale de Graine de Gymnosperme.

### Graines de CONIFÈRES

Elles sont en général très ténues. On en dénombre dans un kilo : seulement 1300 chez le Pin pignon, mais 20 à 30000 chez le Sapin pectiné, 50 à 140000 chez le Douglas; 125 à 330000 chez le Mélèze du Japon.

Graine de Marronnier — Chêne

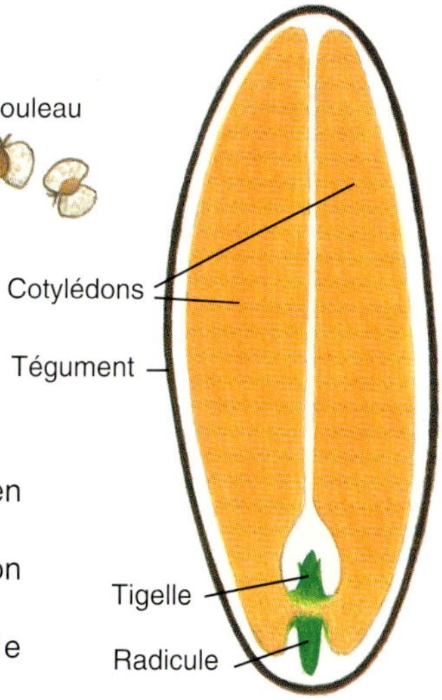


Coupe longitudinale d'une graine d'Angiosperme.

### Graines de FEUILLUS

Leur taille est très variable. Il est en effet des graines :

- de très grosse taille : celles du Marron du Marronnier d'Inde ;
- de taille respectable : Glands de Chêne (300-400 par kg) ;
- de taille moyenne : Faines du Hêtre (3.500 par kg) ;
- extrêmement fines : celles du Bouleau verruqueux (5 millions par kg !).

## RÉSINEUX

Cônes mûrs à graines nues
Cônes femelles, ou inflorescences femelles
Petits cônes mâles, ou fleurs mâles
Aiguilles ou écailles, persistantes ou très rarement caduques
Branches souvent verticillées, silhouette plus ou moins pyramidale
De la résine dans tous les organes
Bois en principe homoxylé : trachéides aréolées et parenchyme ligneux
Tronc
Racines traçantes, pivotantes ou obliques
Coupe de bois

# FEUILLUS

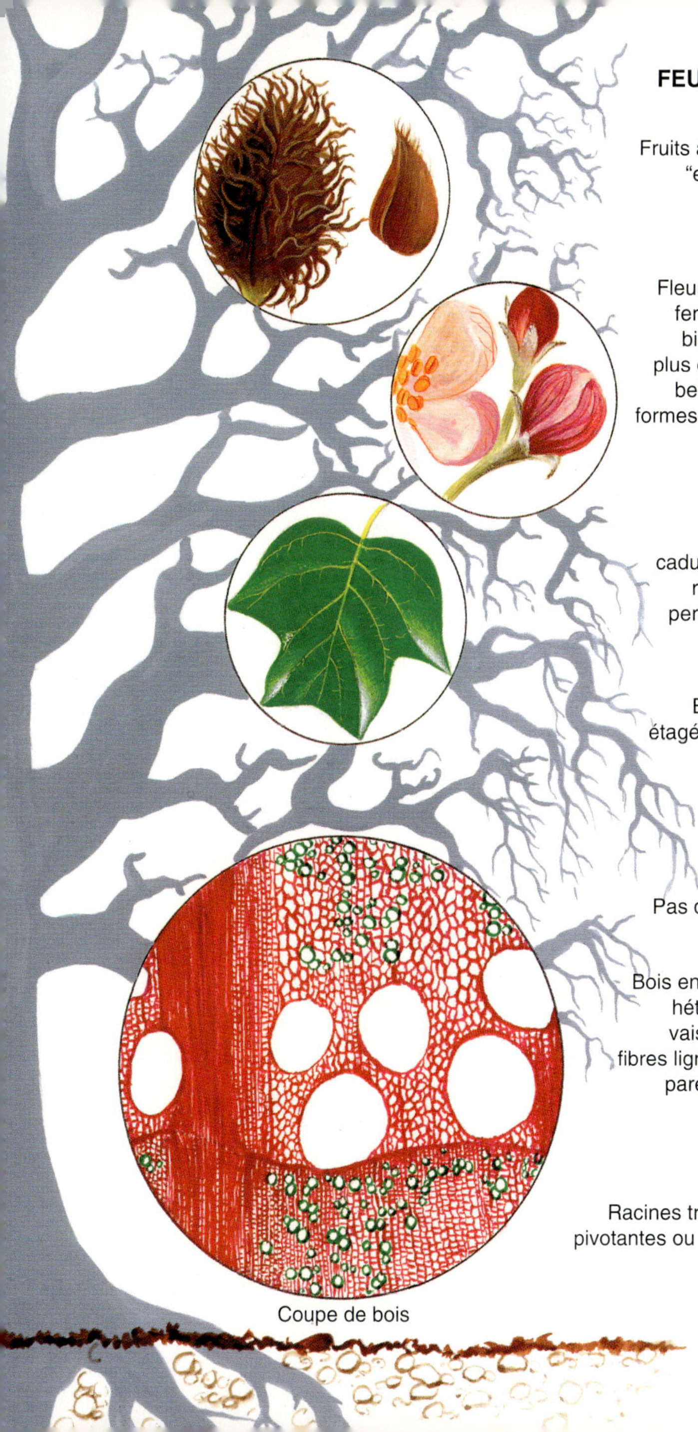


Coupe de bois

# PHASES DE DÉVELOPPEMENT DE L'ARBRE

## GERMINATION DES SEMENCES

Libérées, les graines attendent le jour de leur réveil. Face aux intempéries, elles sont beaucoup plus résistantes que la plante adulte. Elles représentent la forme idéale pour passer la mauvaise saison.

De quoi dépend leur réveil ? De l'apport d'eau, d'air et, souvent, d'une lumière et d'une température convenables, si ce n'est d'un choc thermique, ou encore d'un choc plus subtil :

- pour lever, les graines du *Prosopis*, arbre du désert, doivent transiter par le tube digestif d'un mammifère ;
- les graines de Baobab germent mieux après leur passage dans l'intestin du Babouin ;
- celles du Bois de fer, un *Sideroxylon*, ne germent que lorsque leur enveloppe a été usée par le sable transporté par le vent.

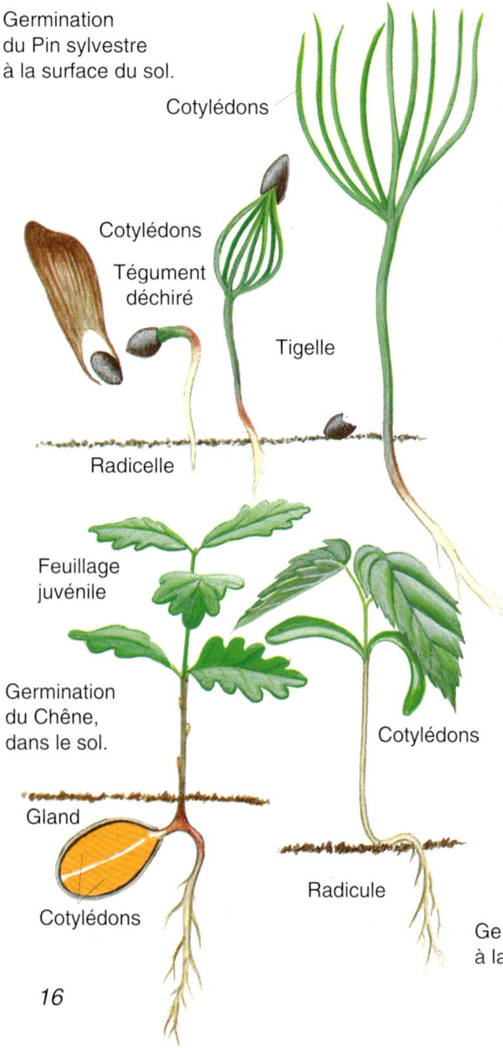

## LA CROISSANCE DES PLANTS

Au rythme des saisons, au fil des ans, l'arbre croît. Cette notion élémentaire ne doit jamais être perdue de vue, surtout le jour où l'on plante un jeune arbre. Quelle taille est-il susceptible d'atteindre ? C'est une question qu'il faut se poser pour éviter de cruelles déconvenues. La surprise peut venir tout autant d'un nanisme inattendu que d'une croissance considérable.

Un peu de vocabulaire est utile. On appelle :

- **brin :** tout jeune arbre, né de semis ;
- **gaule :** un arbre d'un diamètre encore inférieur à 10 cm ;
- **perche :** un sujet de 5 à 25 cm de diamètre, long, droit, atteignant parfois 10 m ;
- **moderne :** un arbre ayant un tronc de 20 à 40 cm de diamètre ;
- **ancien :** un arbre dont le diamètre du fût excède 40 cm ;
- **vieille écorce :** tout arbre âgé de plus de 200 ans.

Naturellement on doit surveiller et orienter le développement d'un arbre.

L'éclaircie a pour but de ne pas maintenir une densité excessive de sujets.

Il est pareillement souhaitable d'éliminer la végétation concurrente autour des plants d'avenir.

L'élagage consiste à éliminer les branches basses d'un arbre afin d'obtenir par la suite un fût net, qui donne un bois sans nœuds.

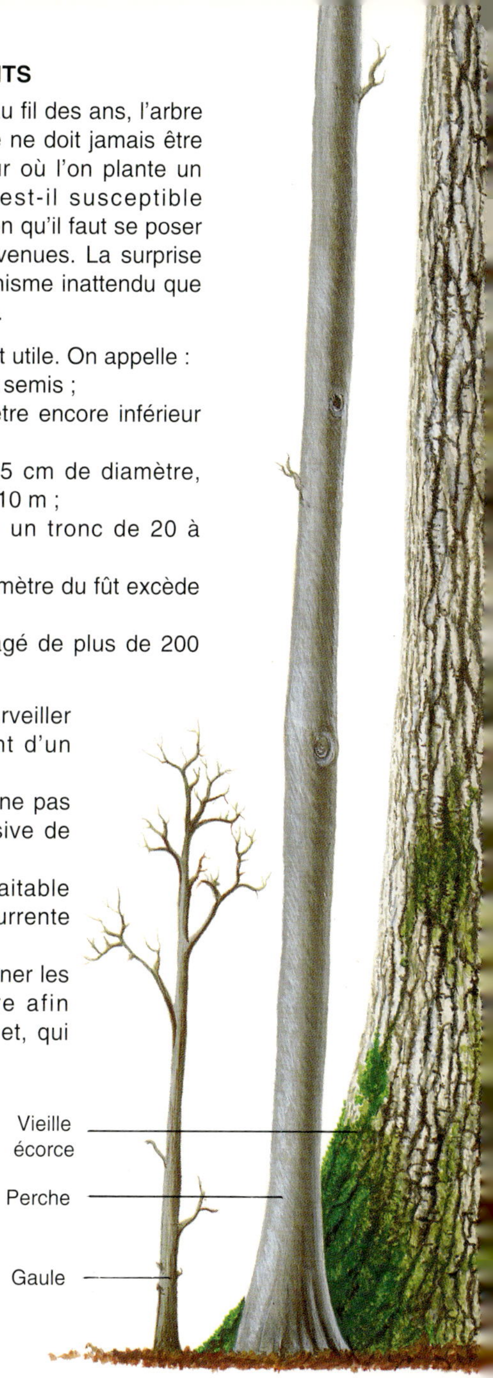

## LES GRANDS ROUAGES DE L'USINE ARBRE

Les activités de l'arbre sont multiples, simultanées ou successives. Que l'essence soit caducifoliée ou sempervirente, c'est au printemps que son activité retrouve sa pleine intensité. Avec la feuillaison nouvelle se réorganisent les grands courants au sein de l'arbre. Les racines commencent alors à aspirer dans le sol les constituants de la sève brute qui est conduite par le bois jusqu'aux ultimes pousses.

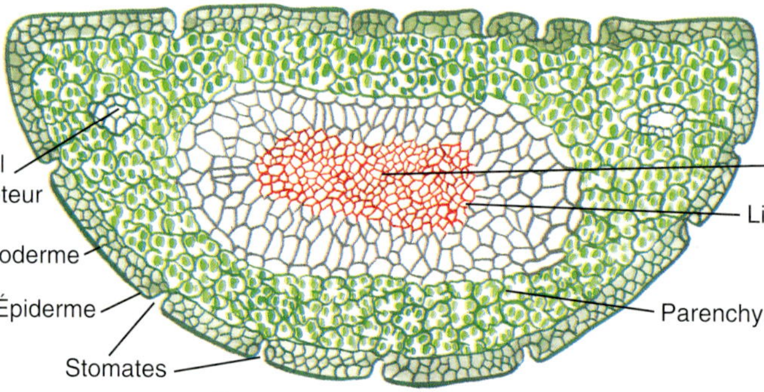


Coupe transversale d'aiguille de Pin.

**Les trois fonctions majeures des feuilles sont :**

• La TRANSPIRATION.
La vaporisation de l'eau par les stomates est un phénomène complexe dont l'intensité dépend de la surface de la feuille et de la température extérieure.

• La RESPIRATION.
Tous les organes de l'arbre respirent, même ses fruits, mais le rôle des feuilles est majeur car la respiration se fait surtout par les stomates. L'intensité des échanges respiratoires varie en fonction de la température et de l'éclairement, qui changent selon les saisons, mais l'arbre respire jour et nuit, sans discontinuer.

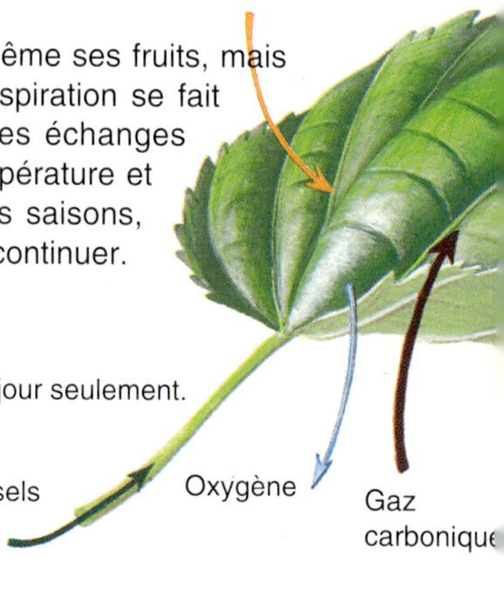

Section transversale de feuille.

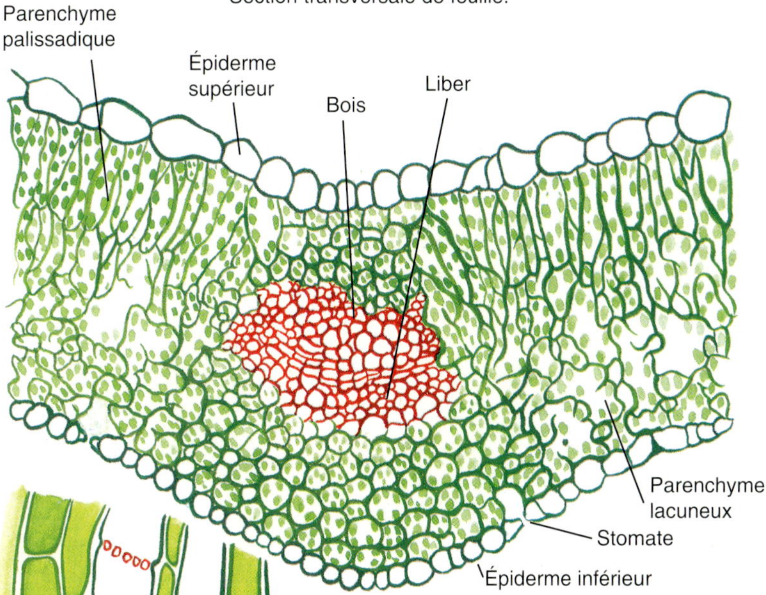


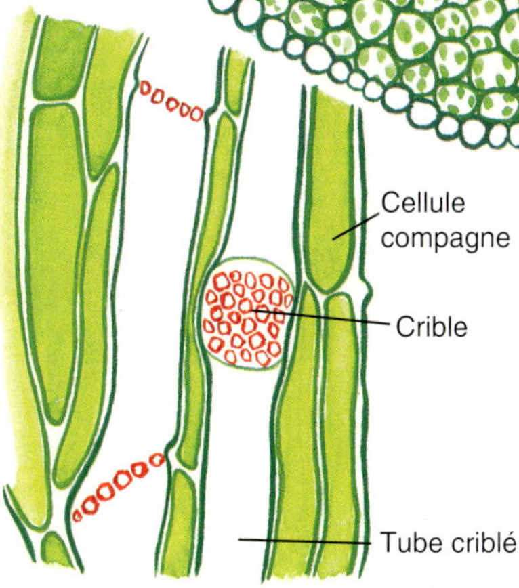


Coupe longitudinale de liber.

• La PHOTOSYNTHÈSE.

C'est une fonction de première importance pour l'ensemble du monde vivant. Elle est remplie avec une particulière efficacité par les feuilles, toujours riches en chloroplastes.

La Sève élaborée est la sève enrichie, au niveau des feuilles, des composés organiques provenant de la photosynthèse. Véhiculée dans toute la plante, elle nourrit les fleurs et les fruits et constitue des réserves.

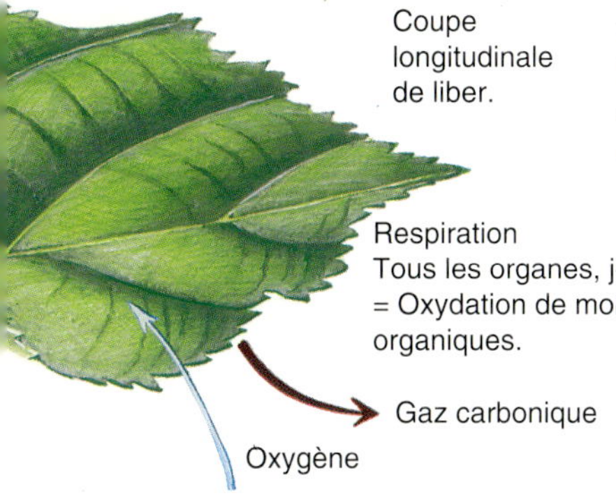


Respiration
Tous les organes, jour et nuit
= Oxydation de molécules organiques.

Allongement d'une tige feuillée
L'élongation est sensible dans la zone a-d.

## L'USINE-ARBRE EN PLEINE ACTIVITÉ

La CROISSANCE en HAUTEUR peut se manifester à plusieurs décimètres du sommet, ou se révéler périodique et rythmée.
Elle est lente chez les Ifs et les Chênes; rapide chez le Douglas; plus encore chez les Peupliers.
La CROISSANCE en DIAMÈTRE aboutit, notamment, à la formation du tronc. Normalement chaque année apporte son cerne, mais il peut se former des cernes surnuméraires.

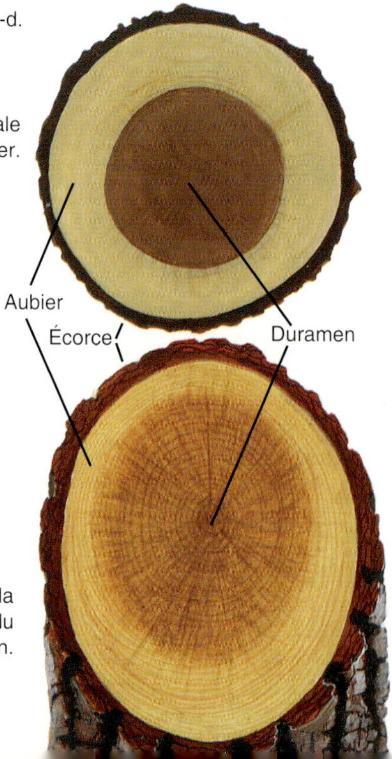

Coupe transversale d'un tronc de Mûrier.

Bille de Pin sylvestre montrant la superposition de l'aubier et du duramen.

La FLORAISON
Les premières fleurs apparaissent à 15 ans, environ, chez le Pin sylvestre, à 40 ans chez le Chêne et le Hêtre, à 60 ans chez le Sapin pectiné.
La première floraison, ayant lieu après plusieurs années, les arbres n'évoluent qu'avec lenteur.

ASSURER L'AVENIR

De la fleur au fruit, le chemin est long. La pollinisation est un passage particulièrement délicat. Les pluies, le froid, le manque d'insectes pollinisateurs, peuvent la contrarier. Le vent est, chez les Conifères et chez maints Feuillus, pratiquement le seul agent de pollinisation. C'est dire qu'il faut des milliards de grains de pollen pour assurer le maintien de l'espèce.

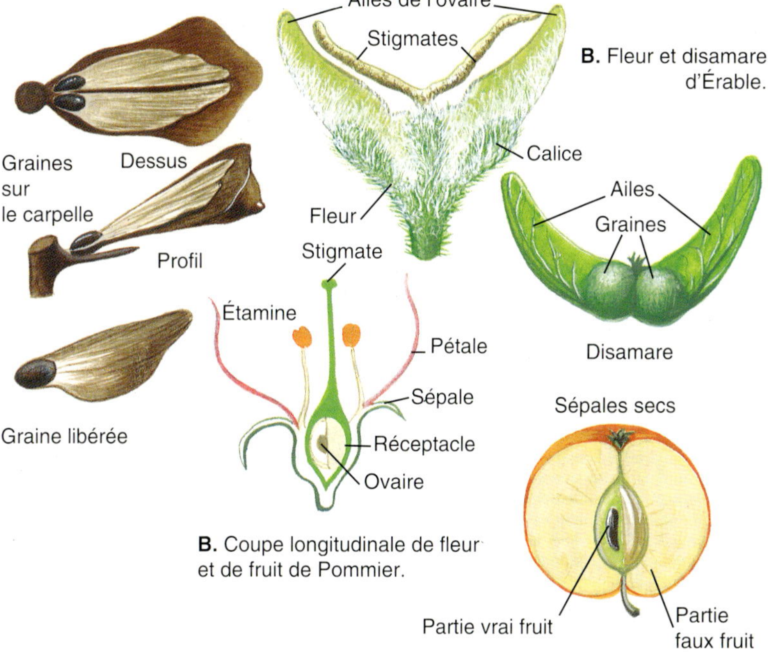


**A.** Graines de Pin sylvestre.

**B.** Fleur et disamare d'Érable.

**B.** Coupe longitudinale de fleur et de fruit de Pommier.

A la pollinisation succède la fécondation, stade au cours du quel les œufs se développent après l'union des gamètes mâle et femelle.
**A.** Chez les Conifères, aux pièces femelles ouvertes, il ne se forme pas de fruit. Les ovules posés sur chaque carpelle du cône femelle deviennent autant de graines nues.

**B.** Chez les Feuillus, les pièces femelles sont closes, l'ovaire renfermant les ovules. Chaque ovule devient une graine à l'intérieur du fruit.

**Bouleau nain**
*Betula nana.*

## MILIEUX DE VIE DES ARBRES

Le sol et le climat influent fortement sur le développement des arbres.

En montagne le climat est plus rigoureux. Les essences et la densité des arbres varient en fonction de l'altitude. En France, on rencontre des arbres fruitiers et des forêts de Feuillus jusqu'à 1 300 m; entre 1 300 et 1 800 m, des Hêtres, des Sapins et des Épicéas; de 1 800 à 2 400 m, des Épicéas, des Pins et des Mélèzes. Au-delà les landes remplacent les forêts.

De même, la végétation diffère en fonction de la latitude. De l'équateur aux pôles, on rencontre : les forêts tropicales, la savane arborée, les forêts méditerranéennes puis tempérées, la taïga et enfin la toundra, avec ses Saules et ses Bouleaux nains.

**Saguaro géant**
*Carnegia gigantea.*

### La SÉCHERESSE

Dans les déserts, la végétation a dû s'adapter aux hautes températures, au manque d'eau, à l'intense luminosité et aux vents violents. Les arbres ont en général de petites feuilles caduques, limitant les pertes en eau ; parfois un tronc massif stockant l'eau, comme chez le Baobab africain ; les racines sont très importantes, tant en surface, pour capter les rosées, qu'en profondeur, pour atteindre les nappes souterraines.

Rameau et gousses de *Prosopis africana.*

**Saule herbacé** *Salix herbacea.*

*Acacia radiana* du désert.

Les racines des *Prosopis* (Fabacées) descendent à 30 m de profondeur, comme celles de l'*Acacia radiana* du Sahara. Le Saguaro mexicain, un Cactus géant, a des racines rayonnant à 15 m.

Plantules se développant sur le Palétuvier *Rhizophora racemosa*.

## L'EXCÈS d'EAU

Dans la mangrove, forêt littorale où pénètre la mer à marée haute :

- les *Rhizophora* ont des racines-échasses ;
- les *Sonneratia* dressent des racines par lesquelles ils respirent, les pneumatophores ;
- les *Bruguiera* soulèvent de loin en loin des racines en arceaux.

La première racine du Palétuvier, qui apparaît alors que le fruit est suspendu, peut mesurer 50 cm avant de choir dans la vase, où elle se fiche.

## Le VENT

Les bourgeons exposés au vent étant détruits, les arbres se développent plus d'un côté que de l'autre, se sont les arbres-drapeaux.

Par contre le vent joue un rôle certain et positif dans la pollinisation et la dispersion des semences fines ou ailées.

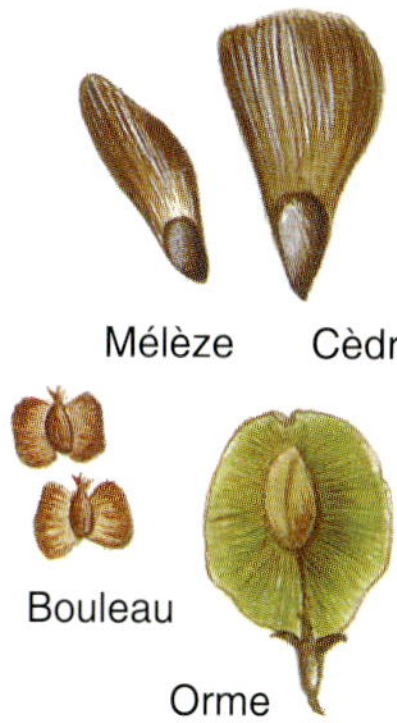


Semences ailées.

Racines de *Sonneratia alba*.

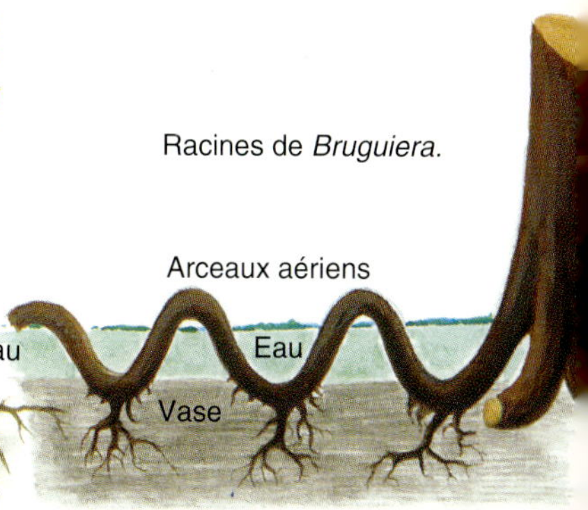


Racines de *Bruguiera*.

La TEMPÉRATURE

Elle contribue à fixer la durée annuelle de la végétation active. C'est souvent le froid qui détermine la répartition des arbres.

Les arbres bénéficient durant l'hiver de l'efficace protection de leurs troncs par une couche de liège, mauvaise conductrice de la chaleur. Les feuilles naissantes sont protégées par les écailles isolantes des bourgeons.

Le SOL

Il est constitué par : des minéraux, des matériaux organiques, de l'eau, de l'air et par une faune et une flore très variées. Il joue un rôle éminent dans la répartition des arbres. Il existe des essences silicicoles, calcicoles, des sols humides et des sables filtrants. Le recyclage des restes organiques par les germes du sol est essentiel. Les associations symbiotiques conditionnent parfois la survie de l'arbre, qu'il s'agisse :

• des mycorhizes, unions de champignons tels qu'Amanites, Cortinaires, Bolets, Sclérodermes, avec les racines courtes d'essences, surtout forestières ;

• ou des nodosités : union avec un Actinomycète chez les Aulnes, ou avec un *Rhizobium*, une bactérie, chez les Robiniers par exemple.

Nodosités actinomycétiques chez l'Aulne glutineux.

Ectomycorhize chez le Chêne sessile.

Ectomycorhizes coralloïdes de Pin sylvestre.

Ectomycorhize racémeuse chez le Hêtre.

*Sigillaria*

*Lepidodendron*

*Palaeocycas integer*

## LA SAGA DES ARBRES

Il y a environ 400 millions d'années, au Silurien, apparurent les premières plantes vasculaires. Au Dévonien, 50 millions d'années plus tard, la végétation naissante atteignait déjà 7 m de hauteur environ, avec, notamment, les *Protolepidodendron*. Lors du Carbonifère, il y a 250 millions d'années, la flore est d'une folle exubérance : Fougères géantes, Prêles fabuleuses, hautes de 30 m, Lycopodinées, Sigillaires et Lépidodendrons, atteignant 40 m. Commençaient à apparaître des Cycadales, des Ginkyoales, puis les Conifères, tels les Walchia.

L'ère Secondaire, située entre 190 et 65 millions d'années, verra l'apogée des Conifères, puis l'essor des Feuillus au Crétacé. On connaît de beaux fossiles de Chênes, Peupliers ou Magnolias datant de cette époque.

Les glaciations du Quaternaire ont bouleversé la répartition planétaire des arbres en façonnant peu à peu nos forêts avec leur composition actuelle.

*Walchia piniformis*

Feuille fertile de Cycas.

Si nombre d'essences sont demeurées communes, certaines sont devenues rarissimes. Ainsi en est-il, entre autres, des :

- *Abies nebrodensis*. Il ne reste plus que de très rares exemplaires de ce Sapin proche de notre Sapin blanc, dans les montagnes du nord de la Sicile.
- *Cupressus dupreziana*.- Il n'en subsiste qu'une dizaine dans une vallée isolée du Ténéré, au Sahara.
- *Metasequoia glyptostroboides* et *Ginkyo biloba*, évoqués plus loin.
- *Parrotia persica*. Cet Arbre de Fer a été sauvé de la disparition par son introduction dans les parcs, les jardins et les arboretums.

## LES CYCADALES

Ce groupe en voie d'extinction compta de très nombreuses formes au début du Secondaire. Il existe encore 9 genres riches de 100 espèces dans les contrées chaudes. Ressemblant à des Palmiers (le mot grec "kykas" signifie Palmier) leur croissance est très lente et leur longévité stupéfiante. Un *Macrozamia* de 1 m serait âgé de 1000 ans !

**Cyprès de Duprez**
*Cupressus dupreziana* .
Rameaux et cône.

**Parrotie de Perse**
*Parrotia persica.*

Feuillage d'automne.

**Cycas,** porteur de cônes femelles.

LA NOTION D'ESSENCE EXOTIQUE

Il faut se méfier de ce qualificatif, car certaines espèces vécurent chez nous voilà des millions d'années et ne furent éliminées de nos régions que par les changements de climats et les bouleversements terrestres. Il en fut ainsi des Ginkyos, d'Araucarias, de Figuiers, d'Avocatiers. Aussi nombre d'actuels prétendus exotiques de nos parcs et forêts n'y sont en fait que des revenants. S'ils sont décoratifs, accommodants, à croissance rapide ou producteurs d'un bois apprécié, accueillons-les !

## LES LOIS INTANGIBLES QUI RÉGISSENT LA DÉSIGNATION DES ARBRES

Il existe deux possibilités pour nommer un arbre :
• en recourant à son appellation **commune** dans la langue du pays
• en utilisant sa désignation **latine,** laquelle est bien entendu la même pour tous les scientifiques de la planète et comprend :
- un nom de **genre**, commençant par une majuscule (ex. *Acer*) ;
- un nom d'**espèce** s'écrivant avec une minuscule (ex. *campestre*).
Ce binôme est habituellement suivi du nom abrégé du premier descripteur de l'espèce ( Linné s'écrit L.).

Ainsi l'Érable champêtre, appellation commune, sera scientifiquement appelé : *Acer campestre* L.

## GINKYO - *Ginkyo* - Ginkyoacées

**Arbre aux quarante écus** *(Ginkyo biloba )*

L'allusion aux écus rappelle la somme qu'il fallait débourser au XVIIIe siècle pour acquérir des plants de cette espèce, alors rarissimes en Europe. C'est la seule Ginkyoale survivant d'un groupe qui fut nombreux au Jurassique. Elle existe encore en Chine, Corée, Mandchourie et Japon.

L'arbre possède de larges feuilles caduques, en éventail, aux somptueuses tonalités printanières et automnales.

C'est une essence vénérée par les bouddhistes, appréciée en médecine, recherchée pour sa beauté depuis 1727, et particulièrement résistante aux pollutions urbaines.

Un ovule de *Ginkyo biloba.*

**Arbres aux quarante écus**
en feuillage d'automne.

## PINS - *Pinus* - Pinacées

Ce sont les mieux représentés des Conifères actuels. Les Pins occupent une place importante chez nous.

Cône de Pin de l'Himalaya *Pinus wallichiana.*

Écorce du tronc du Pin de l'Himalaya.

**Pin maritime** *Pinus pinaster.*

On peut encore citer le **Pin de montagne** (*Pinus mugo* var. *mughus*), le **Pin sylvestre** (*Pinus sylvestris*), fort cultivé, et le **Pin Napoléon** (*Pinus bungeana*) à l'écorce somptueuse.

**Pin parasol** *Pinus pinea.*

**Pin laricio** *Pinus nigra* ssp. *laricio.*

**Pin sylvestre**
*Pinus sylvestris.*

**Pin Napoléon**
*Pinus bungeana.*

## SAPINS - *Abies* - Pinacées

La plupart des Sapins sont montagnards et résistent aux gelées. Leurs aiguilles, insérées tout autour des rameaux, s'étalent dans le plan horizontal, cependant que leurs cônes, dressés, se désarticulent sur l'arbre.

Les aiguilles des Sapins, aplaties, sont soulignées sur leur face inférieure par les deux lignes argentées des stomates.

**Sapin de Vancouver**
*Abies grandis.*

**Sapin pectiné**
*Abies alba.*

## CÈDRES - *Cedrus* - Pinacées

Méditerranéen, le Cèdre de l'Atlas atteint 40 m de hauteur ; celui de l'Himalaya est très gracieux avec ses rameaux retombants.

**Cèdre de l'Himalaya**
*Cedrus deodara.*
Port pleureur.

**Cèdre de l'Atlas**
*Cedrus atlantica.*

Arbres majestueux, chargés d'histoire, aux aiguilles en bouquets sur les rameaux courts. Leurs cônes dressés, trapus, se désarticulent sur place, ne laissant qu'une axe vertical sur la branche porteuse.

**Cèdre du Liban** *Cedrus libani.*

Le Cèdre du Liban est le seul arbre qui figure sur un pavillon national, celui du Liban précisément.

## CYPRÈS

## *Chamaecyparis, Cupressus*
**Cupressacées**
***Taxodium***
**Taxodiacées**

Il existe plus de 200 formes ornementales du Cyprès de Lawson.

Le Cyprès chauve possède des racines-poumons, ou pneumatophores.

**Cyprès de Lawson**
*Chamaecyparis lawsoniana.*

**Cyprès chauve de Louisiane**
*Taxodium distichum.*

Les Cyprès de Lambert et de Provence peuvent constituer des massifs, des brise-vent ou décorer les parcs et les cimetières. L'odeur permet de distinguer les deux espèces : le feuillage froissé du Cyprès de Lambert dégage une odeur de citronnelle, celui du Cyprès de Provence, un parfum de résine.

**Cyprès de Lambert**
*Cupressus macrocarpa*
et **Cyprès fastigié de Provence**
*Cupressus sempervirens fastigiata.*

## ÉPICÉAS - *Picea* - Pinacées

Ils se distinguent des Sapins par la section de leurs aiguilles en forme de losange et par leurs cônes pendants, tombant entiers sur le sol.

La Sapinette d'Orient possède des aiguilles très courtes.

L'Épicéa commun a été largement planté dans le Massif Central et les Pyrénées.

De même, l'Épicéa de Sitka est très utilisé dans nos reboisements.

**Sapinette d'Orient** *Picea orientalis.*
Port de l'arbre et écorce.

**Épicéa commun**
*Picea abies.*
Port et cône.

## THUYAS - *Thuja* - Cupressacées

Le Thuya géant est représenté chez nous par de splendides sujets, isolés dans nos parcs, qui se marcottent souvent naturellement.

**Épicéa de Sitka**
*Picea sitchensis.*

**Thuya géant**
*Thuja plicata.*

## SÉQUOIAS et MÉTASÉQUOIA
### Taxodiacées

Séquoia géant (*Sequoiadendron giganteum*). Il est le plus grand mais pas le plus gros des arbres. Du haut de ses 110 m il domine la forêt californienne. Son écorce fibreuse est très souple, d'où l'appellation d'arbre à boxer.

Séquoia toujours vert (*Sequoia sempervirens*). L'un des plus grands arbres du monde à la fabuleuse longévité. Il fut introduit en Europe en 1840.

Métaséquoia (*Metasequoia glyptostroboides*). Cet arbre, trouvé en 1942 dans une vallée de Chine, est un "fossile vivant" dont on connaissait déjà des fossiles depuis longtemps ; on le croyait à jamais disparu. Ce fut donc une fabuleuse découverte.

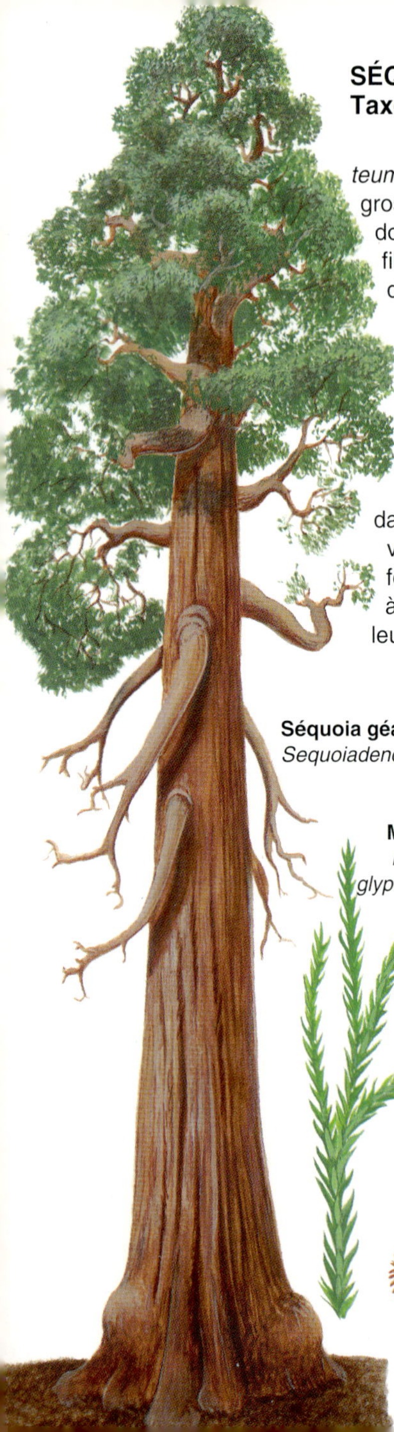

**Séquoia géant**
*Sequoiadendron giganteum.*

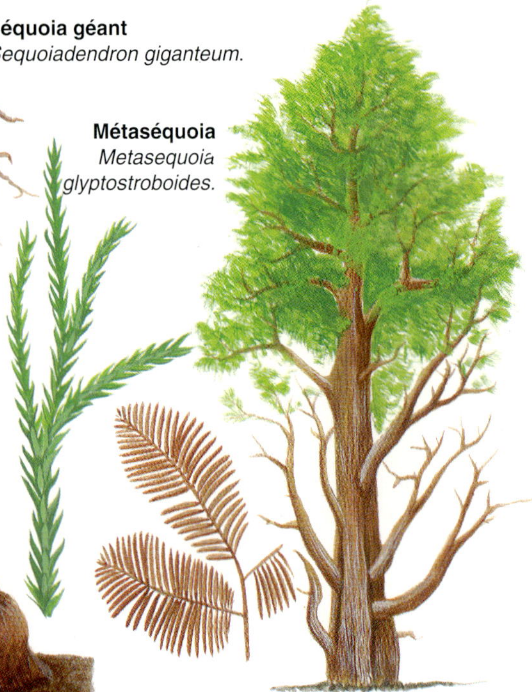

**Métaséquoia**
*Metasequoia glyptostroboides.*

## DOUGLAS - *Pseudotsuga* Pinacées

Pin de l'Oregon, Sapin de Douglas *(Pseudotsuga menziesii).* De la Colombie britannique à la Californie, des Douglas élèvent leur cime à 100 m au-dessus du sol. Chez nous, où il est rustique, il ne dépasse pas 55 m. En montagne, son bois est rouge, en plaine, il est jaune et plus apprécié. Sa croissance rapide lui fait prendre une place très importante dans les reboisements.

## MÉLÈZES - *Larix* - Pinacées

Feuillage et cônes sont caractéristiques. Les aiguilles, molles, minces, disposées en bouquets, sont caduques et passent du vert pomme printanier à l'or automnal. Les petits cônes, tout d'abord rouge carmin ou violacés, persistent longtemps sur les branches nues.

**Pin de l'Oregon,** ou **Sapin de Douglas**
*Pseudotsuga menziesii.*

Mélèze hybride (*Larix* x *eurolepis*). Cet hybride, apparu en Écosse vers 1900, possède les intéressants caractères de ses parents européen et japonais, notamment la vitesse de croissance et la résistance à la sécheresse, ce qui le fait rechercher par les sylviculteurs.

**Mélèze d'Europe** *Larix decidua* en feuillage d'automne.

Rameau et cône de Mélèze du Japon *Larix kaempferi.*

Galbules d'un an.

Galbules matures, de deux ans.

**Genévrier commun**
*Juniperus communis.*

## GENÉVRIERS
## *Juniperus*
## Cupressacées

Les Genévriers, qui s'accommodent de la sécheresse, du calcaire et des sols pierreux, comptent environ 100 espèces. Ce sont des arbustes singuliers dont les cônes charnus sont appelés galbules.

## IF - *Taxus* - Taxacées

If à baies *(Taxus baccata)*. Voilà un arbre botaniquement très intéressant et porteur de symboles forts.

La longévité de cet arbre est impressionnante, de l'ordre de 1 400 ans. Il peut atteindre une hauteur de 20 m. Une autre espèce, nord-américaine, le *Taxus brevifolia* de l'Oregon et de Californie, fait l'objet de recherches en vue d'isoler un remède contre le cancer.

**If à baies** *Taxus baccata*. Port d'un sujet ; rameau porteur de graines ; stades de développement de l'arille autour des graines.

## ARAUCARIAS - *Araucaria* - Araucariacées

Araucaria dérive d'Arauco, mot désignant, tout à la fois, une ville brésilienne proche de Curitiba et une province du Chili située au sud de Conception. Les Araucarias sont tous originaires de l'hémisphère Sud. Ce sont de grands arbres aux larges feuilles extrêmement rigides et acérées. Ainsi s'explique l'appellation de l'Araucaria du Chili : désespoir du singe.

Araucaria du Chili (*Araucaria araucana*). Cet arbre de 50 m croît sur les pentes de la Cordillère des Andes. Introduit en Europe depuis 1795, il jouit d'une grande faveur. Sa rusticité permet de le cultiver jusque dans le nord de la France.

Pin de Norfolk (*Araucaria heterophylla*). Alors que cette essence atteint 70 m en Océanie, chez nous on la rencontre plutôt dans les jardins d'hiver, sauf aux abords de la Méditerranée où elle tolère le climat local. Ses feuilles, plus étroites que chez le précédent, sont des aiguilles pareillement redoutables.

*Araucaria araucana*
ou **Désespoir du singe.**
Un vieux sujet ;
un rameau ;
un cône.

ANGIOSPERMES

## CHÊNES - *Quercus* - Fagacées

Les Chênes sont très répandus en France, où ils occupent près de 5,5 millions d'ha. L'identification des espèces est fort délicate. L'écorce des Chênes est très tôt profondément gerçurée et leurs feuilles sont tantôt caduques, tantôt persistantes, selon les espèces. Leurs fleurs mâles forment des chatons. Les glands sont des akènes, parfois comestibles, et le bois est souvent de très grande qualité.

Le feuillage sombre, coriace et brillant du Chêne vert ne manque pas de rappeler celui du Houx.

**Chêne vert** *Quercus ilex.*

**Chêne rouge**
*Quercus rubra.*
Feuillage d'automne.

**Chêne-liège**
*Quercus suber.*

Le liège (jusqu'à 50 cm d'épaisseur), spongieux, est exploité commercialement après de soigneux démasclages du Chêne-liège.

L'engouement pour le superbe Chêne rouge est encore renforcé par sa vitesse de croissance. Son bois reste toutefois assez peu recherché.

**Chêne pédonculé**
*Quercus robur.*

Le Chêne pédonculé *(Quercus robur)*, indigène en Europe, atteint 30 à 50 m et un diamètre de 1 m en certains endroits. C'est l'une de nos plus grandes espèces indigènes, un symbole de force. Sa ramure en zig-zag résulte de l'avortement répété des bourgeons terminaux.

Le Chêne sessile (*Quercus petraea*) peut aussi posséder un tronc de 1 m de diamètre et un houppier culminant à 45 m. Exigeant moins de soleil que le Chêne pédonculé, il tolère un sol plus acide et plus sec.

Le Chêne de Turner *(Quercus turneri)*, hybride des *Quercus ilex* et *robur*, fut découvert à la fin du XVIII$^{e}$ siècle dans une pépinière britannique. Cette curiosité existe dans plusieurs de nos arboretums.

Rameau et glands de
**Chêne sessile**
*Quercus petraea.*

**Chêne hybride de Turner**
*Quercus turneri.*

## BOULEAUX - *Betula* - Bétulacées

Des Bouleaux croissent en plaine et en montagne, le Bouleau nain, *Betula nana*, dans la toundra et les tourbières d'Europe. Ils couvrent plus de 200 000 ha de nos sylves. Leur ramure souple, leurs fines feuilles, plus ou moins triangulaires, leur écorce agréablement teintée de blanc, de rose saumon, de jaune ou de brun, sont connues de tous.

Le Bouleau à papier *Betula papyrifera* est l'ornement de nos parcs.

Tronc de Bouleau à papier.

**Bouleau verruqueux** *Betula pendula*.

Les Bouleaux pubescent et verruqueux sont abondants dans des lieux peu fertiles ; leurs jeunes rameaux les distinguent aisément.
Le Bouleau-merisier se singularise par son écorce de merisier.

Ecorces de *Betula pendula*, *B. pubescens et B. lenta*.

**Bouleau-merisier**
*Betula lenta*.

## PEUPLIERS - *Populus* - Salicacées

Environ 40 espèces de Peupliers croissent en zone tempérée. Leur croissance est rapide et certains sont exploitables à 15 ans. Les peupliers sont dioïques et les pieds femelles engendrent des capsules libérant des graines plumeuses. Leurs feuilles caduques sont parfois joliment colorées.

**Peuplier blanc**
*Populus alba*.

**Peuplier noir**
*Populus nigra*.

Les feuilles du Peuplier blanc, d'un vert-grisâtre pâle dessus, sont recouvertes d'un duvet blanc par dessous. Le Peuplier noir est cultivé depuis très longtemps, sous la forme de boutures de sujets mâles.

Les feuilles du Peuplier tremble sont d'une mobilité extrême, du fait de l'aplatissement vertical de leurs très longs pétioles.

**Peuplier noir fastigié**
*Populus nigra* cv. "*italica*".

**Peuplier tremble**
*Populus tremula*.

## HÊTRE - *Fagus* - Fagacées

Hêtre commun ou Fayard (*Fagus sylvatica*).- Grand arbre de 30 à 35 m, le Hêtre commun peut vivre 250 ans, mais on l'exploite habituellement vers 130 ans. C'est une très belle essence, au tronc droit, clair et lisse, constituant de somptueuses futaies et de majestueuses allées.

**Hêtre commun**
*Fagus sylvatica.*

**Hêtre pourpre**
*Fagus sylvatica* f. *purpurea.*
Feuillage.

Hêtre commun, rameau fructifère.

**Noisetier**
*Corylus avellana.*
Rameau avec chatons.

## NOISETIERS - *Corylus* Corylacées

Chacun connaît les floraisons hivernales du Noisetier commun.

Des bractées velues et découpées en lanières entourent les noisettes du Noisetier de Byzance.

Feuille et fruit du **Noisetier de Byzance**
*Corylus colurna.*

## ÉRABLES - *Acer* - Acéracées

Il existe de superbes Érables dont les feuillages ou les écorces sont ornementaux, mais ce sont des arbustes. Trois espèces de grande taille méritent d'être citées : l'Érable champêtre (*Acer campestre*) des taillis et des haies bocagères ; l'Érable plane (*Acer platanoides*), aux grandes feuilles aux échancrures arrondies ; l'Érable sycomore (*Acer pseudoplatanus*) dont l'écorce ressemble à un puzzle.

**Érable plane** *Acer platanoides.* Feuille et samares.

**Érable champêtre** *Acer campestre.*

## AUBÉPINES - *Crataegus* Rosacées

Les deux espèces les plus communes de nos haies ne dépassent guère 8 m et leurs rameaux épineux s'ornent de fleurs blanches, donnant des baies rouge vif, appelées cenelles.

Les feuilles dentées de l'Epine blanche (*Crataegus laevigata*) sont peu profondément lobées.

Au contraire les lobes des feuilles du *Crataegus monogyna* sont très marqués.

**Epine blanche** *Crataegus laevigata.* Rameau.

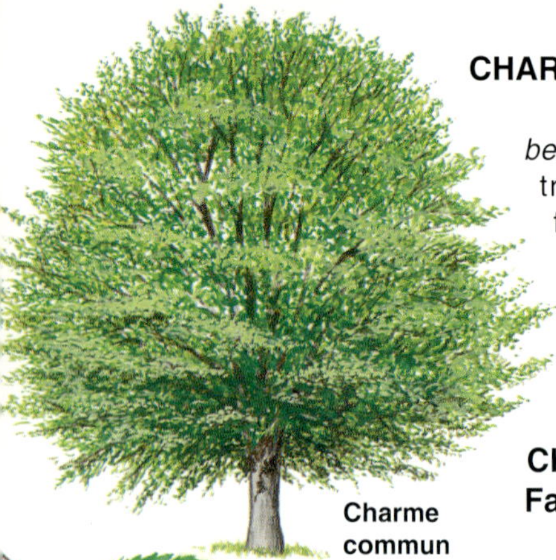

**Charme commun**
*Carpinus betulus.*

## CHARME - *Carpinus* - Corylacées

Le Charme commun (*Carpinus betulus*) est fréquent en forêt. Son tronc est souvent cannelé. Ses feuilles, dentées ne tombent qu'au moment du débourrement des bourgeons de l'année suivante. Les haies taillées constituent les charmilles, agrément des parcs au XIXe siècle.

## CHÂTAIGNIER - *Castanea* Fagacées

Le Châtaignier (*Castanea sativa*) est un arbre impressionnant, surtout si on le cultive isolément. Il atteint alors 30 m. Il est cultivé depuis très longtemps. Les châtaignes sont encore appelées marrons chez les variétés cultivées.
La floraison du châtaignier, en juin-juillet, est un moment de pure splendeur ! La châtaigneraie française n'a pas échappé aux terribles assauts de la maladie de l'Encre, due à un champignon.

Châtaigne

**Châtaignier commun**
*Castanea sativa.*

## AULNES - *Alnus*
## Bétulacées

L'Aulne glutineux (*Alnus glutinosa*) apprécie le bord des eaux. Ses feuilles arrondies sont d'un vert profond. Ses chatons en forme de cônes, brunissent la 2e année. Grâce aux nodosités de ses racines, il fixe efficacement l'azote de l'air.

L'Aulne à feuilles en cœur *(A. cordata)* est adapté aux sols secs et pauvres. Originaire de Corse, il a bien réussi en Champagne.

**Aulne glutineux**
*Alnus glutinosa.*

**Aulne à feuilles en cœur**
*Alnus cordata.*

## SAULES - *Salix* - Salicacées

Genre très nombreux qui compte près de 300 espèces, aimant les lieux humides. Les chatons, unisexués, sont précoces.

L'Osier jaune (*S. alba vitellina*) et le Saule pleureur (*S. alba vitellina tristis*) sont des variétés du Saule blanc (*S. alba*).

Le Saule marsault (*S. caprea*), très courant, a des feuilles typiques dont la pointe est oblique.
L'écorce des Saules est riche en acide salicylique.
De très petits Saules vivent dans la toundra et en haute montagne.

**Saule blanc**
*Salix alba.*

**Saule marsault** *Salix caprea.*

## ROBINIER - *Robinia*
## Légumineuses

Très épineux, le Robinier faux-acacia (*Robinia pseudoacacia*) a des grappes de fleurs blanches, odorantes et mellifères. Le cultivar *umbraculifera* est dépourvu d'épines.

**Robinier faux-acacia**
*Robinia pseudoacacia.*

## SORBIERS
## *Sorbus*
## Rosacées

Parfois décoratifs par leurs fleurs blanches et leurs fruits très colorés, les Sorbiers ont un bois très apprécié.

Le Sorbier des Oiseleurs *(S.aucuparia)* est souvent cultivé.

**Sorbier des oiseleurs.**

Les fruits du Cormier *(S. domestica)* servaient jadis à préparer une boisson campagnarde : le cormé.
L'Alisier blanc *(S.aria)* a des feuilles arrondies revêtues d'un beau duvet blanc en dessous. Il aime les sols calcaires.

Feuilles d'**Alisier blanc**
*Sorbus aria.*

**Cormier domestique**
*Sorbus domestica.*

## FRÊNE - *Fraxinus* - Oléacées

Le Frêne commun *(Fraxinus excelsior)* a une écorce lisse, gris verdâtre, et des bourgeons noirs. A ses discrètes fleurs pourpres, en avril-mai, succèdent des grappes de samares nettement plus spectaculaires. Les feuilles, aux folioles ovales et aigües, sont appréciées par les troupeaux.

**Frêne commun**
*Fraxinus excelsior.*

Feuilles et fruits de Frêne.

Le Frêne à fleurs *(Fraxinus ornus)* aime les lieux chauds et secs. En Italie, il produit une gomme douce et sucrée, la manne, qui s'écoule de ses blessures.

Extrémité d'un rameau fleuri de Frêne.

## PTÉROCARYAS - *Pterocarya* Juglandacées

Ces arbres de Chine, du Japon et d'Asie mineure, proches des Noyers, possèdent des feuilles caduques et composées. Les longues grappes de pseudo-noix, pourvues chacune d'une aile, sont spectaculaires. Pendant tout l'été leurs frondaisons s'agrémentent de ces pendeloques.

Le *Pterocarya fraxinifolia*, est l'espèce la plus connue. Il orne souvent les parcs privés et les jardins publics.

**Ptérocarya**
*Pterocarya fraxinifolia.*
Feuilles et fruits ailés.

## NOYERS - *Juglans*
## Juglandacées

Assez répandu chez nous, le Noyer noir (*Juglans nigra*) donne des semis naturels et pousse plus vite que le Noyer commun (*J. regia*) mais son bois est moins apprécié.
Le Noyer commun, cultivé depuis des siècles, se rencontre partout en France. Il y atteint 25 à 30 m et peut vivre 200 ans. La noix, qui s'ouvre en 2 valves, renferme une amande riche en lipides.
L'hybride *J. regia x J. nigra* est souvent préféré aux parents par les forestiers car il croît mieux que l'un et a un meilleur bois que l'autre.

Bois.

**Noyer commun**
*Juglans regia.*

## ORMES - *Ulmus* - Ulmacées

Essences d'ombre des régions tempérées, les Ormes, aux feuilles à limbe asymétrique à la base, possèdent une écorce crevassée, de discrètes fleurs bisexuées et des samares arrondies, en fin d'hiver.

Depuis plusieurs décennies les ormes sont atteints par une grave maladie, la graphiose.

L'Orme champêtre (*Ulmus minor*) est fréquent dans les haies et le long des allées. Son bois est très apprécié pour le chauffage et de nobles usages. Celui de l'Orme de montagne (*Ulmus glabra*) est moins intéressant. En dépit de son nom, cet Orme est abondant même en plaine.

**Orme champêtre**
*Ulmus minor.*

**Orme de montagne**
*Ulmus glabra.*

Feuilles de divers Platanes.

**Platane d'Orient**
*Platanus orientalis.*

**Platane de Londres**
*Platanus* x *hybrida.*

**Platane d'Occident**
*Platanus occidentalis.*

## PLATANES
## *Platanus*
## Platanacées

Les feuilles des Platanes ressemblent à celles des Érables. Leurs écorces sont bigarrées. Les fruits sont en forme de boules et pendent.

Ecorce de Platane.

## TILLEULS - *Tilia* - Tiliacées

Ces arbres, dont il existe une dizaine d'espèces et nombre de variétés, sont très résistants à la taille, jouent un grand rôle dans les décors urbains et privés. Leurs fruits sont globuleux, secs, côtelés ou non. Parmi les espèces les plus utilisées, citons : le Tilleul d'Amérique (*Tilia americana*) à feuilles vert sombre; le Tilleul à larges feuilles (*Tilia platyphyllos*) aux fruits à 5 côtes; le Tilleul à petites feuilles (*Tilia cordata*) qui peut vivre très longtemps.

**Tilleul à petites feuilles**
*Tilia cordata.*

## MARRONNIER - *Aesculus* Hippocastanacées

Le Marronnier d'Inde (*Aesculus hippocastanum*) introduit en France à la fin de XVIe siècle, est un de nos plus beaux arbres d'ornement et produit tout son effet s'il est isolé. Il embellit souvent nos cités. Au début du printemps ses gros bourgeons sont d'un brun brillant. En mai ses fleurs blanches, ponctuées de rose, parent cet arbre de mille bougies. A l'automne tombent les marrons.

**Marronnier d'Inde**
*Aesculus hippocastanum.*

Feuilles de Marronnier en automne.

## MAGNOLIAS - *Magnolia* - Magnoliacées

Dédiés à Pierre Magnol, Directeur du Jardin de Montpellier, ces arbres rustiques affectionnent un sol lourd et argileux.

Le Magnolia Yulan (*Magnolia denudata*) épanouit ses fleurs parfumées et blanches, avec une nuance de rouge en dedans. Le *Magnolia liliiflora* a des fleurs pourpres extérieurement et blanc-crème en dedans.

Les fleurs roses ou blanches du Magnolia hybride, né de ces deux parents, sont très appréciées dans les jardins publics ou privés.

**Magnolia hybride** *Magnolia* x *soulangeana.*

Tulipier.

## TULIPIER de VIRGINIE
### *Liriodendron tulipifera*
### Magnoliacées

Très tôt apparu sur le globe c'est un arbre puissant dont les fleurs vert-jaune ressemblent à des tulipes. Son bois est de qualité.

Liquidambar.

## COPALME
### *Liquidambar styraciflua*
### Hamamélidacées

Son feuillage vert brillant devient écarlate à l'automne, une magnificence !

Le PAULOWNIA *(Paulownia tomentosa)*, originaire de Chine, a de grandes feuilles et de longs épis de fleurs violettes.

Le CATALPA *(Catalpa bignonioides)*, du sud-est des Etats-Unis, a des fleurs blanches, puis de très longues capsules (de 20 à 40 cm).

Paulownia.

Catalpa.

## PALMIERS - *Phoenix* et *Chamaerops* - Arécacées

Malgré leur taille, pour des raisons d'anatomie, les Palmiers ne sont pas des arbres. Les *Phoenix* ont des feuilles pennées, celles des *Chamaerops* sont palmées. Le Palmier des Canaries est assez courant dans le Midi. Le Palmier nain (*Chamaerops humilis*) est fréquent dans les parcs et les jardins méditerranéens.

**Palmier des Canaries**
*Phoenix canariensis.*

Tronc ou Stipe.

Tronc d'**Eucalyptus commun**
*Eucalyptus gunnii.*

## EUCALYPTUS ou GOMMIERS *Eucalyptus* - Myrtacées

Les Eucalyptus sont pour la plupart originaires d'Australie. Tous ont une croissance rapide et certains atteignent une centaine de mètres. Leur très beau feuillage, souvent bleuté, est odorant et leurs fleurs originales sont pourvues d'un couvercle qui choît. Quelques espèces sont rustiques chez nous. Mais gare aux audaces écologiques, les rigueurs du climat ne pardonnent pas !

Feuilles et fruits d'**Eucalyptus bleu**
*Eucalyptus globulus.*

## FÉVIER - *Gleditsia* - Césalpiniées

Le Févier à trois épines (*Gleditsia triacanthos*) est un arbre armé venu des Etats-Unis. Il est surtout planté dans le sud de la France où il atteint 20 m. A ses discrètes fleurs en grappes, succèdent d'énormes gousses plates, courbées, rougeâtres, longues de 30 à 45 cm. C'est un très bel arbre d'ornement, au bois de qualité.

**Févier à trois épines**
*Gleditsia triacanthos.*

## POMMIERS - *Malus* - Rosacées

Le monde des Pommiers se divise entre formes fruitières et ornementales. Souvent les secondes sont plus petites, méritant à peine le nom d'arbres. Les fleurs des Pommiers, roses ou rouges à l'extérieur, sont décoratives grâce aux pétales. Les fruits sont curieux : le trognon seul correspond au vrai fruit, la chair de la pomme n'étant que la partie faux fruit, dérivant du réceptacle floral.
Le Pommier à fruits (*Malus sylvestris*) atteint 10 à 12 m de hauteur.

**Pommier à fruits**
*Malus sylvestris.*

Fleurs de
*Malus floribunda.*

Chez les Pommiers ornementaux, tel que le *Malus floribunda*, les corolles s'agrémentent de coloris délicats, blancs, rouges ou roses, où les étamines d'or jettent leur note vive.

## POIRIERS - *Pyrus* - Rosacées

Le Poirier cultivé (*Pyrus communis*) est, comme la plupart des espèces, d'origine européenne. A la différence des Pommiers, sa feuille noircit en se desséchant. On apprécie autant le Poirier pour sa floraison printanière que pour ses poires. Le Poirier peut vivre plusieurs siècles et fournit un bois très prisé des tourneurs, des ébénistes et des sculpteurs.

**Poirier cultivé**
*Pyrus communis.*

Poire Williams.

## PRUNIERS - *Prunus* - Rosacées

Cet important genre de Rosacées recèle maintes espèces purement ornementales, telles le Cerisier à grappes (*Prunus padus)*, le Laurier-Cerise (*Prunus laurocerasus*) ou le Prunier de Pissard (*P. cerasifera* cv. *atropurpurea*). Sont aussi dignes d'intérêt les *Prunus* dont les fruits charnus à noyau sont savoureux, notamment ceux du Prunier domestique (*P. domestica*), de l'Abricotier (*P. armeniaca*), du Pêcher (*P. persica*), voire même du discret Prunellier (*P. spinosa*).

**Cerisier d'hiver** *Prunus subhirtella.*

**Prunus ornemental** *P. subhirtella* cv. "*Kanzan*".

Le MERISIER (*Prunus avium*) est un *Prunus* forestier. Originaire d'Europe et du Moyen-Orient, ce très bel arbre atteint 15 à 20 m de hauteur et peut vivre un siècle. Compte-tenu de la rapidité de sa croissance, lorsque le milieu lui convient, et de la qualité de son bois, c'est une essence forestière extrêmement appréciée, de plus en plus plantée dans les reboisements. Sa ramure délicate prolonge un fût à l'écorce zonée :

- ses feuilles sont pourvues de deux glandes rougeâtres;
- ses fleurs blanches masquent presque les rameaux qui les portent;
- ses fruits, ou merises, rouge foncé ou noirs à maturité, sont souvent doux au palais.

A lui seul, le Merisier est un messager somptueux du printemps en forêt.

Merisier

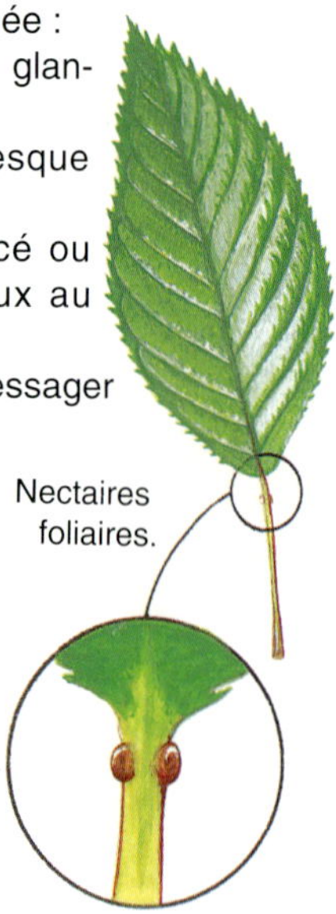

Nectaires foliaires.

## AMANDIER - *Prunus dulcis* - Rosacées

Lorsque fleurit cet arbre, en janvier-février, dans la vallée du Rhône, il est superbe. Ses fruits, des drupes sèches et pubescentes, renferment une graine, l'amande. En fonction des qualités de ces amandes on distingue :

- le *P communis* var. *dulcis* ;
- et le *P communis* var. *amara*.

Cet arbre est l'un des symboles du Midi.

Amandes.

**Amandier.**

## OLIVIER - *Olea europaea* - Oléacées

L'Olivier qui a, durant plus de 6 000 ans, marqué toutes les civilisations qui se sont succédé dans le Bassin Méditerranéen, est un arbre exigeant de la lumière, de la sécheresse et de la chaleur.

Cet arbre, chargé d'histoire et d'espoir, donne de petites drupes ovoïdes à noyau dur et osseux, les olives, dont on extrait l'huile parfumée. Son feuillage argenté est indissociable des paysages méditerranéens.

Olives.

Olivier.

## RÔLES JOUÉS PAR LES ARBRES

Dans de nombreux domaines les arbres jouent un rôle essentiel.

### Échanges gazeux

Se situent là trois types d'échanges déjà évoqués : le rejet de vapeur d'eau, dû à la transpiration ; les phénomènes respiratoires, où de l'oxygène est absorbé et du gaz carbonique rejeté et le phénomène majeur, la photosynthèse, où la plante absorbe du gaz carbonique et rejette de l'oxygène. Toutefois la consommation d'oxygène lors de la dégradation des restes animaux et végétaux dans les sols réduit nettement l'ampleur du bilan, trop souvent idéalisé ! Cependant chez l'arbre, c'est le dégagement d'oxygène qui domine et 5 ou 6 gros arbres couvrent les besoins en oxygène d'un homme.

La forêt française actuelle, qui couvre environ 14 millions d'hectares, libère une quantité d'oxygène égale à celle utilisée par nos foyers privés et industriels. En outre, les forêts sont un moyen efficace de lutte contre l'élévation de la teneur en gaz carbonique de l'atmosphère, dans la mesure où elles produisent beaucoup de bois, qui est une forme d'immobilisation du gaz carbonique.

### Assèchement de certains sols

La transpiration par les frondaisons d'une forêt peut être considérable.

On comprend donc qu'à travers les siècles on ait pu avoir recours à telle ou telle essence, (Peupliers ou Eucalyptus...) pour assécher des terrains humides et, de ce fait, insalubres et improductifs.

### Microclimat

Les arbres, en peuplements, peuvent :

• freiner le vent, sa vitesse pouvant chuter de 40 à 50 %. S'il s'agit de feuillus, cette aptitude varie beaucoup en fonction de la saison.

• réduire les écarts thermiques. Il existe manifestement une ambiance forestière. Dans les bois, il fait plus frais en été et moins froid en hiver qu'en terrain découvert.

• relever le pourcentage d'humidité de l'air et du sol. L'hygrométrie est en effet supérieure là où les vents sont faibles.

• faciliter la formation de rosées et de brouillards.

### Cycle de l'eau

Les espaces boisés :

• sont propices à la formation de sources ;

• freinent l'érosion, en substituant un lent cheminement de l'eau le long des branches, des fûts, puis des racines à un écoulement superficiel tumultueux ;

• évitent en grande partie les débordements et inondations faisant suite à des pluies diluviennes.

Allumettes.
Parquet.
Menuiserie.
Pieux.
Poteaux.
Emballage.
Mobilier.
Tonnellerie.
Ustensiles.
Ebénisterie.
Jouets.
Sculptures.
Manche d'outil.

**Production ligneuse**

La production du bois a été, de tout temps, la vocation première de nos sylves. Des divers espèces d'arbres, si ce n'est d'une même essence, on peut tirer des bois de qualités très inégales, et donc à vocations bien distinctes : bois d'œuvre, bois d'industrie, bois de feu...

• *Chauffage* : Chêne, Châtaignier, Hêtre, Orme, Pommier...

L'emploi du bois comme combustible dans notre industrie a énormément évolué : en 1850, le bois représentait 65% des combustibles de l'époque; en 1900, 37% seulement; en 1950, on n'y avait plus du tout recours.

• *Pâte à papier* : Chêne, Hêtre, Bouleau, Epicéa, Pins divers, etc.

• *Charpente* : Chêne, Sapin blanc, Pin sylvestre, Pin maritime.

• *Menuiseries* :Chêne, Orme, Châtaignier, Sapin blanc, Epicéa, Douglas...

• *Parquets* : Chêne, Châtaignier, Sapin, Pins sylvestre et maritime.

• *Meubles* : Chêne, Hêtre, Merisier, Noyer.

• *Ebénisterie* : Bouleau, Chêne, Orme, Noyer, Pins sylvestre et maritime.

• *Poteaux* : Pin sylvestre et Pin maritime, Acacia.

• *Emballages* : Peuplier, Pins sylvestre et maritime, Sapin blanc

• *Tonnellerie* : Chêne, Hêtre, Merisier (pour le Kirsch), Châtaignier.

• *Manches* : Frêne, Erables champêtre et plane, Châtaignier.

• *Tranchage* : Chêne, Frêne, Orme (loupe), Erable sycomore, Merisier.

• *Contreplaqué* : Bouleau, Hêtre, Peuplier, Douglas, Pin maritime.

• *Panneaux de particules* : Bouleau, Chêne, Hêtre, Châtaignier.

• *Lutherie* : Erable plane, Merisier, certains Epicéas.

• *Allumettes* : Peuplier.

• *Arbres de Noël* : La plupart sont des Epicéas communs

• *Xylochimie* : Utilisation de maintes essences au cours des prochaines décennies.

**Production de Liège**

Le liège le plus réputé est celui du Chêne-liège *(Quercus suber)*, récolté tous les 10 ans environ, au prix d'un travail minutieux. Un Chêne fournit en moyenne assez de liège pour faire 800 bouchons. Le premier écorçage, ou démasclage, fournit du liège mâle, les suivants donnant du liège de reproduction, dit liège femelle.

Liège.

**Production de tannins**

Les tannins ont la précieuse propriété de rendre les peaux animales imputrescibles. Des essences forestières comme les Châtaigniers, les Saules et les Chênes en produisent. Mais d'autres espèces tropicales en donnent plus encore. Leurs usages industriels sont très variés.

**Production de résine**

Sur les Pins se pratique encore le gemmage. L'opération consiste à faire des entailles, les carres, à la base du tronc. La résine qui s'écoule, appelée gemme, est récoltée dans des godets appliqués contre les troncs.

La résine brute, est distillée par la suite.

On isole ainsi l'essence de térébenthine, aux nombreux usages industriels, dont les vernis. On obtient aussi la colophane servant à fabriquer des isolants et à traiter les cordes des instruments de musique. Le brai, enfin, sert à calfater les bateaux.

Godets de gemmage.

**Production de graines et de fruits**

Les graines de certains arbres ont constitué dans le passé ou constituent encore une importante ressource alimentaire.

Chacun connaît les amandes des Amandiers ou les pignes du Pin parasol. Le monde animal doit parfois son salut à la consommation de graines. Il est en est ainsi dans la Taïga :

- L'Écureuil de l'Hudson *(Tamiasciurus hudsonicus)* se nourrit presque uniquement de graines de la Sapinette blanche *(Picea glauca)*.
- L'Écureuil de Sibérie *(Eutamias sibiricus)*, les Becs-croisés *(Loxia)*, ou le Casse-Noix *(Nucifraga caryocatactes)* consomment aussi les graines des Conifères.

**Bec-Croisé des sapins**
*Loxia curvirostra.*

Beaucoup d'essences forestières donnent des fruits appréciés : Les noisettes, les merises, et surtout les châtaignes et les glands. Au cours de l'histoire, les hommes en consommèrent beaucoup pour échapper à la famine.

Ecureuil roux *Sciurus vulgaris.*

Les arbres fruitiers de nos vergers donnent d'abondantes récoltes, que l'on songe aux pommes, poires, prunes, pêches, et à tant d'autres fruits.
On sait quelle ampleur ont pris ces productions à la surface de la planète : en toute saison, l'homme des Temps Modernes peut pratiquement acheter le fruit qu'il désire.

Mûre.

Griottes.

Noisette.

Noix.

Pêche.

## Équilibre physique et psychique

L'arbre isolé, en bouquets, ou en imposants peuplements, est très apprécié par les citadins pour leur détente et leur récréation. Chacun, par sa forme ou sa couleur, par les jeux de lumière qu'il engendre, ou par la douce musique de son feuillage bruissant, est source de bien-être.

On peut même prêter un comportement propre à chaque essence :

- le Chêne est puissant, inflexible ;
- le Bouleau apparaît gracieux, fragile ;
- l'Epicéa semble distant et froid ;
- le Séquoia se fait dominateur et perpétuel ;
- tandis que le Peuplier blanc joue au dandy lorsque le vent agit son feuillage aux dessous argentés.

La forêt constitue, de plus en plus, un lieu de repos apprécié.

**Santal** *Santalum album.*

**Cacaoyer**
*Theobroma cacao.*

**Cassie**
*Acacia farnesiana.*

## Production d'essences

Depuis longtemps, la sève de certains Érables et de quelques Bouleaux nord-américains est exploitée et l'on extrait des composés aromatiques synthétiques de plusieurs espèces d'arbres.

- les baies du Genévrier commun (*Juniperus communis*) parfument le gin et la choucroute ;
- le bois de Santal (*Santalum album*) a un parfum apprécié des bouddhistes ;
- la graine du Muscadier (*Myristica fragans*) est utilisée comme épice ;
- les fèves du Cacaoyer (*Theobroma cacao*) servent à faire le chocolat ;
- les fleurs de la Cassie (*Acacia farnesiana*) sont utilisées en parfumerie ;
- le fruits de l'Oranger (*Citrus aurantium sinensis*) sont aimés de tous.

### Écrans anti-bruit

Si une bande boisée de 2 à 3 m de largeur retient 10 à 20 % d'un bruit, un écran de 200 m de largeur peut en retenir 50%. L'efficacité varie selon les essences et leur densité.

Les Conifères, dont les branches se superposent à la façon des tuiles d'un toit, ou des lattes d'un volet, constituent souvent de meilleurs écrans anti-bruit que les Feuillus.

### Filtres à germes et à poussières

Les arbres avaient peut-être à se faire pardonner les "excès" de certains d'entre eux, qui dispersent au loin et en abondance un pollen parfois générateur d'allergies ou abandonnent des semences cotonneuses que le vent fait pénétrer partout. Ils y ont réussi en retenant dans leur feuilles, diversement rugueuses ou visqueuses, les poussières et les microbes.

Pareille fonction est prise très au sérieux par les hygiénistes. Ainsi 1 ha d'Epicéas communs retient jusqu'à 32 tonnes de poussières et 1 ha de Hêtres en capterait plus de 68 tonnes !

Alignement de Peupliers associant le charme et l'efficacité.

**L'arbre, objet de culte**

L'homme, en face de l'arbre, est très vite pénétré par une onde mystérieuse car *L'arbre seul, dans la nature, est vertical, avec l'homme* souligne Paul Claudel, cependant qu'Henri de Régnier rejoignait le mysticisme en écrivant :

*Et l'arbre a refermé*
*son écorce fendue*
*silencieusement sur*
*la Dryade nue.*

Il existe entre diverses religions un fond primordial commun se rapportant au culte des arbres. En Inde, presque chaque village eut son arbre sacré, en général un *Ficus religiosa*, alors que les Chaldéens considéraient l'univers comme étant un arbre ayant le ciel pour cime et la terre pour pied. Les Mbocabis du Paraguay, quant à eux, affirment qu'à leur mort ils grimperont le long de l'arbre qui unit le ciel à la terre.

Pour pouvoir abattre certains arbres, les hommes en ont, très tôt, vénéré d'autres, des Frênes, des Aulnes et des Chênes surtout. En Europe, nombre d'arbres voués à des dieux païens furent repris par le Christianisme naissant qui s'empressa de les consacrer à la Vierge ou à tel saint. De nos jours encore, *Au plus profond des bois, la patrie a son cœur* (André Theuriet).

## L'ARBRE DANS DIVERSES DISCIPLINES

### L'arbre en littérature

Tout être sensible, en face d'un arbre, peut développer des relations privilégiées. Toutes les fibres de l'intellectuel tressaillent et, s'il est quelque peu imaginatif, il écrit. Comment pourrait-il en être autrement lorsque le géant élabore ses feuilles, les déplisse, les étale, les voit pâlir, blondir, roussir et chuter…

Le peintre Millet affirmait : "*Je ne sais pas ce que ces gueux d'arbres se disent entre eux, mais ils se disent des choses, et si nous ne les comprenons pas, c'est que nous ne parlons pas la même langue, voilà tout.*"

Très souvent les auteurs ont allié leur talent d'écrivain à celui d'observateur, mariant les palpitations du cœur avec celles des feuillages sollicités par la brise. Chacun de nous connaît par cœur de fabuleuses lignes traitant des arbres, isolés ou en massifs, au fil des saisons. Si le printemps est une époque de rêve pour les âmes sensibles, l'été témoigne d'une folle puissance créatrice alors que l'assimilation bat son plein, cependant que l'automne venu, les Merisiers, les Hêtres, les Erables, les Copalmes s'expriment dans un même flamboiement.

En hiver, l'homme de lettres tente de comprendre et de traduire : *l'hermétique alphabet des arbres dépouillés* d'E. Vitta.

Et si tout cela est dit en vers, cela devient somptueux :

*J'allais d'un tronc à l'autre et je les embrassais*
*Je leur prêtais le sens des pleurs que je versais…*
(Lamartine)

*Forêt ! c'est dans votre ombre et dans votre mystère,*
*C'est sous votre branchage auguste et solitaire,*
*Que je veux abriter mon sépulcre ignoré,*
*Et que je veux dormir quand je m'endormirai."*
(Victor Hugo)

## L'arbre, les bruits, la musique

L'arbre peut être, tour à tour, baigné par le silence, silence seulement déchiré par le cri furtif de l'animal dérangé, ou animé de sons multiples, frôlements, craquements, bruissements, chants d'oiseaux... A cet égard l'arbre au crépuscule est un cadre privilégié. Jean Giono n'écrit-il pas dans *Le Chant du Monde* :... *la nuit venait...les frênes craquaient, les sureaux sifflotèrent... les églantiers et les taillis de noisetiers, les buissons d'aulnes...soupirèrent...*, cependant que Baudelaire évoque : *... la prodigieuse musique qui roule sur les houppiers et semble la traduction des lamentations humaines.* Giono encore, dans *Colline,* rappelle élégamment que les arbres aussi ont leurs propres complaintes : *Le tilleul fait le chaton qui pleure, le châtaignier fait la femme qui geint, et le platane craque en dedans comme un homme qui demande la charité.* La voilà bien l'illustration de ces vers de Baudelaire :

*La nature est un temple où de vivants piliers*
*Laissent parfois sortir de confuses paroles...*

Grâce à la rectitude du fil de leur bois et à la finesse de ses cernes réguliers, certains Epicéas du Haut-Jura produisent d'exceptionnels matériaux de résonance. La lutherie les utilise, comme d'autres apprécient le bois d'ébène pour fabriquer des hautbois.

## La sculpture et la gravure

Il est bien normal que l'arbre ait aussi trouvé sa place en sculpture et en gravure puisque, l'hiver venu *L'arbre présente dans toute sa nudité la puissance, l'harmonie de sa structure, comme un "nu" s'offre au ciseau du sculpteur.* Nous songeons spécialement au grand graveur du XIXe siècle Rodolphe Bresdin. Sa *Sainte-Famille* est associée à un monde d'arbres tourmentés, imposants et protecteurs!

Et que dire des stalles, des châsses ou des statues... !

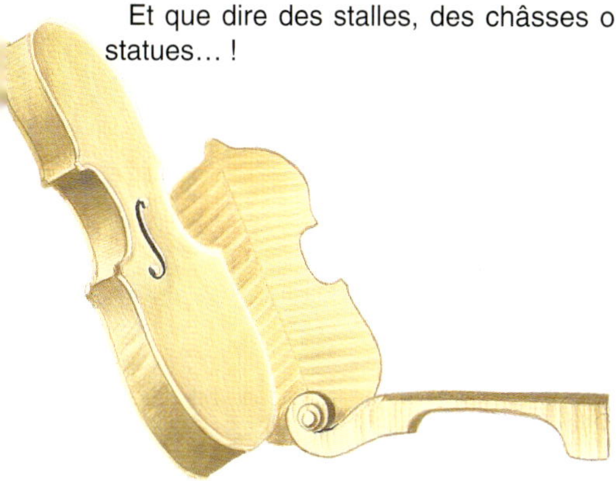

### L'arbre et l'architecture

Les grands architectes qui dressèrent les plans de nos cathédrales furent certainement inspirés par les arbres majestueux qu'ils contemplaient dans certaines hautes futaies. Les frondaisons qui se rejoignent en voûte au-dessus d'allées imposantes donnant accès à des châteaux, sont bien aussi à l'image de nos lieux de culte.

A l'époque médiévale d'ailleurs, la plupart des édifices étaient en bois. En certaines régions, ce bois demeura longtemps le matériau privilégié pour la construction d'habitations et de charpentes imposantes.

De splendides édifices à pans de bois, aux savants assemblages, constituent l'un des fleurons de notre patrimoine. C'est l'arbre qui permit, et permet, tout cela.

### L'arbre et la peinture

Si les photographes ne dédaignent pas les arbres, les peintres les ont souvent représentés. L'arbre est souvent transposé à travers le filtre de la sensibilité, pour constituer un décor, un environnement, une ambiance, en prenant beaucoup de liberté avec la réalité botanique !

Avec les Brueghel ou Rubens les arbres occupent leur place. Les Résineux captivèrent Pierre Brueghel l'Ancien et Jean Brueghel l'Aîné. Ruysdael, et plus encore Rembrandt, surent rendre toute la vie dans laquelle baigne l'arbre.

Mais ce n'est qu'avec l'école de Barbizon que l'arbre deviendra le personnage central des toiles. Tentative contestée, en cette fin du XIXe siècle, car l'art officiel continuait à prétendre que : *Peindre des arbres... en essayant de faire chanter les tons et de ne retenir que les colorations les plus vives de la lumière constitue une hérésie.*

Rien n'échappera aux fidèles de Barbizon : reflets, écorces, débourrements printaniers, tant chez les grands Chênes que chez les Hêtres.

Composition cubiste
Bernard DUHEM.

En 1990, Jean Eskenazi commentait comme suit une toile de Th. Rousseau : *...le peintre paysagiste qui pénètre dans la forêt a besoin de faire le vide en lui de façon à ce que les sensations et sa vision de l'arbre le pénètrent totalement, jusqu'à ce qu'il devienne l'arbre lui-même.*

Manifestement, le mordoré des Mélèzes, le vert tendre des Cyprès chauves, le bleu glauque des Cèdres, n'ont pas fini de nous émerveiller.

Groupe de Chênes, Apremont
Théodore ROUSSEAU (1812-1867).

## LES MENACES QUI PÈSENT SUR LES ARBRES

### Adversités climatiques

Le GEL est un facteur important, surtout lorsqu'il intervient à la fin de l'hiver ou au début du printemps. Parfois, ce n'est qu'un simple rappel à l'ordre en cas d'audace écologique excessive. Ainsi en fut-il dans les Landes, de 1984 à 1987, aux dépens d'Eucalyptus introduits mais non adaptés.

Lors du court dégel superficiel, les sols, à la limite de la taïga et de la toundra, restent gelés en profondeur et la partie réchauffée se révèle alors instable et mouvante. Les arbres de cette région se penchent en tous sens, constituant la "forêt ivre" des biogéographes.

Le VERGLAS, enrobe les arbres d'un fourreau transparent, épais et pesant. Il peut casser les branches et défigurer les houppiers et même faire chavirer les troncs.

La NEIGE, qui est plus abondante en altitude et à proximité des pôles, est parfois utile en créant un manteau isolant du froid, mais elle peut casser ou déraciner les arbres, endommager leurs écorces et raccourcir fâcheusement leur durée de croissance annuelle.

Les méfaits du VENT varient selon l'endroit, l'essence en cause et son état sanitaire. La transpiration s'accroît toujours fâcheusement.

La SÉCHERESSE s'oppose victorieusement à la quasi-totalité des espèces. Rarissimes sont les arbres dans les déserts !

Les INONDATIONS, liées aux crues ou à de fâcheuses retenues d'eau, signent souvent l'arrêt de mort des arbres, car elles asphyxient leurs racines.

## Assauts de parasites

Touffe de Gui
*Viscum album.*

Les parasites qui attaquent les arbres sont terriblement nombreux.

Le Gui malmène aussi bien des Résineux que des Feuillus, en détournant une partie de la sève élaborée. Perte de croissance et fragilisation du bois s'ensuivent.

L'*Erwinia amylovora*, une bactérie, s'en prend aux Pommiers et aux Poiriers. C'est le feu bactérien si redouté.

Les champignons peuvent altérer tous les organes de nos arbres.

L'Oïdium du Chêne tue les jeunes sujets ; la Graphiose a éliminé nombre de nos Ormes ; l'armée des Rouilles, d'une diversité inouïe, respecte bien peu de ligneux et les conséquences de ses attaques sont d'une grande importance sur le plan économique.

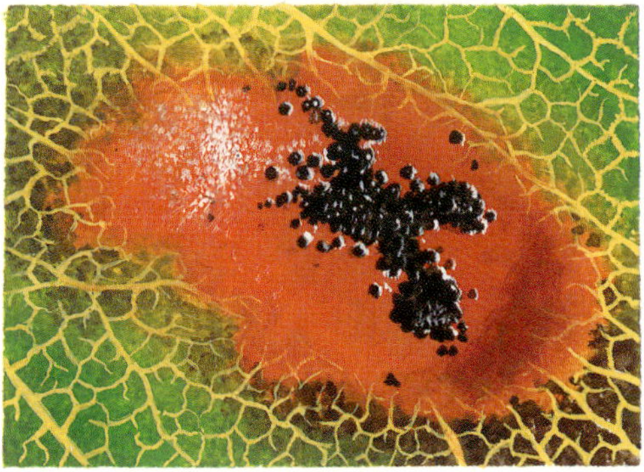

Rouille sur une feuille de Poirier (grossie 2,5 fois).

L'un des champignons les plus redoutés est l'Armillaire couleur de miel. Agent du Pourridié des racines, il peut mettre à mort une foule d'essences. Son compère, le *Collybia fusipes,* cause aussi d'énormes ravages.

Les Mycoplasmes, microbes extrêmement curieux, frappent nombre d'espèces ligneuses dont le Frêne, le Robinier et, surtout, le Santal.

Armillaire couleur de miel
*Armillaria mellea.*

## Dégâts des prédateurs

Les Mammifères et les Insectes sont des prédateurs particulièrement actifs à l'encontre des arbres.
Parmi les Mammifères les plus redoutés des forestiers figurent l'Ecureuil, le Cerf, le Lapin, le Chevreuil, le Sanglier, le Mouton et... la Chèvre, cette bête noire du forestier, même quand elle est blanche !
Rongeant les feuilles, suçant la sève, mangeant les fruits ou les graines, minant les écorces et le bois, selon les espèces, les Insectes peuvent être très nuisibles et compromettre souvent l'avenir des plantations et des forêts.

Sanglier
*Sus scrofa.*

Cerf noble
*Cervus elaphus.*

Lapin de garenne
*Oryctolagus cuniculus.*

Chevreuil
*Capreolus capreolus.*

Tordeuse verte du Chêne *Tortrix viridana*.

Phalène brumeuse *Operophtera brumata*.

Nonne *Lymantria monacha*.

Cigale commune *Lyristes plebejus*.

Grand Capricorne du Chêne *Cerambyx cerdo*.

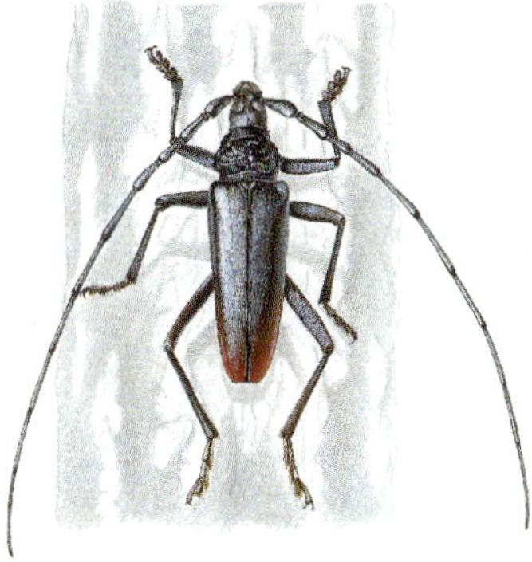

Galeries de l'Ips sous l'écorce.

Ips typographe *Ips typographus*.

Galles cerise.

Galles en lentille.

Galles sur feuille de Hêtre.

Galle asexuée de l'*Andriscus quercus calicis* sur un gland.

### Pressions humaines

L'homme, de tout temps, a exploité les arbres. Hélas, son comportement à leur égard a mal évolué. L'essor démographique n'a d'ailleurs pas arrangé les choses !

Le VANDALISME existe : branches brisées, plants arrachés, écorces abimées, produits toxiques déversés...

Dégâts causés par des Mammifères.

Les CHANTIERS portent de graves atteintes aux arbres : racines coupées, remblaiements excessifs, abandon de clous dans les troncs...

La MOTO VERTE et le "4x4 TOUT TERRAIN" constituent de graves menaces pour nombre de plantations forestières. L'écrasement et le bris des jeunes arbres, le tassement du sol, ont là de regrettables conséquences.

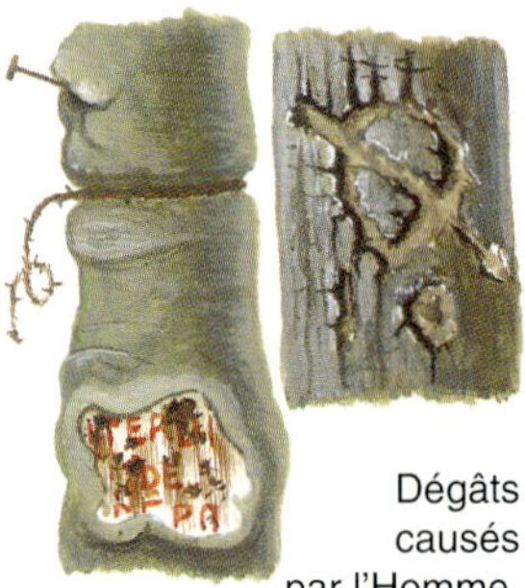

Dégâts causés par l'Homme.

Des INCENDIES dévastateurs, sont dus à l'imprudence ou à la malveillance des hommes. Les forêts méditerranéennes en sont fort éprouvées et la quête d'herbe tendre pour les troupeaux n'est souvent pas étrangère aux sinistres qui se déclarent. Les sylves des contrées tropicales paient aussi au feu un lourd tribut. De tels sinistres appauvrissent terriblement notre patrimoine planétaire.

Les COUPES INCONSIDÉRÉES sont une très vieille pratique, jadis faites à la hache, puis à la scie et réalisées de nos jours à la tronçonneuse. La pression se fit plus intense lorsque l'agriculture remplaça la cueillette. Si le déboisement du bassin méditerranéen a été fort spectaculaire, la diminution des forêts aux États-Unis révèle aussi le fol acharnement des Iroquois, Algonquins et des colons européens.

L'élimination de la forêt équatoriale se pratique encore à un rythme consternant et il est grand temps de mettre à la disposition des indigènes des techniques et des sources d'énergie nouvelles. Si l'on déplore en France des faits regrettables, la surface de nos forêts ne cesse d'augmenter.

Les POLLUTIONS de l'air et des sols sont très préjudiciables à nos arbres d'ornements, forestiers, et fruitiers.

Les polluants soufrés, fluorés, azotés, ainsi que les poussières peuvent provoquer des dégâts irréversibles. Les méfaits du gaz sulfureux et des composés fluorés sont généralement les plus marqués près des zones industrielles. Quant aux pluies acides, elles existent réellement et sont dues à des polluants venant parfois de très loin. Le pH de ces pluies peut descendre jusqu'à quatre. L'Europe centrale et la Forêt Noire sont les plus atteintes.

Mais gardons-nous de tout catastrophisme. L'impact de telles précipitations doit être évalué scientifiquement, en tenant compte d'autres paramètres liés, notamment, à l'état de santé initial des arbres et à la nature chimique du sol.

Il n'empêche que les forêts de notre planète encourent maints dangers, convenons-en.

Dépérissements dus aux pluies acides.

## EN GUISE DE CONCLUSION

Nous venons de présenter, décrire, chanter nos arbres et de leur rendre hommage, en tentant de faire découvrir au lecteur de ce guide leurs différents aspects. Les Indiens des forêts équatoriales sud-américaines n'ont-ils pas une connaissance parfaite des noms des diverses essences et de leur utilité ?

Avons-nous fait acte de sensiblerie ? exagéré nos louanges ? Nous ne le pensons pas. Comme nous, mieux que nous, de belles plumes ont vanté la grandeur des arbres, en leur attribuant souvent une dimension spirituelle, laquelle dépasse encore leur taille réelle, déjà impressionnante pourtant.

Vous aussi l'avez admirée. *la grande campagne normande pareille à un immense parc anglais, à un parc démesuré, où les cours des ferme, entourées de deux ou quatre rangées d'arbres dessinent à perte de vue les perspectives de futaies, de bouquets de bois et de massifs que cherchent les jardiniers artistes en traçants les lignes des propriétés princières...* (Guy de Maupassant, *Le Fermier* ).

L'arbre a toujours fasciné les âmes sensibles et infléchi les cœurs rude car *comprendre l'arbre c'est aussi se comprendre soi-même, et pénétrer par sa symbolique les mystères du vivant* (Charles Hirsch).

Oui, l'Arbre est un personnage puissant, fier et efficace. Au sein des écosystèmes qu'il dépasse de ses hautes frondaisons, il s'impose. Et, chez nous, s'il s'agit du Chêne, il règne. En effet, un Chêne, dans une forêt, transforme l'énergie qu'il reçoit du soleil ; son feuillage fournit l'ombrage qui prévient la dessiccation du sol ; l'ensemble de son houppier ralentit la circulation de l'air qu'il contribue à maintenir frais en été. Et que de services rendus aux habitants de la sylve ! Du plus ténu au plus majestueux, chacun joue sa partition. Mais celle du Chêne est la plus importante, car elle conditionne l'exécution de toutes les autres. Comme il est envoûtant cet aller et retour qui fait que *de haut en bas, la vie monte et descend* !

De l'admiration à la contemplation et à la prière, il n'y a qu'un pas. Franchissons-le avec ce poème traduit du Vietnamien.

# A L'ARBRE SANS LEQUEL LA VIE SERAIT IMPOSSIBLE

*Homme,*
*Je suis la chaleur de ton foyer par les froides nuits d'hiver,*
*L'ombrage ami lorsque brûle le soleil d'été.*
*Je suis la charpente de ta maison, la planche de ta table,*
*Je suis le lit dans lequel tu dors, et le bois dont tu fais tes navires.*
*Je suis le manche de ta houe et la porte de ton enclos.*
*Je suis le bois de ton berceau et de ton cercueil.*
*Ecoute ma prière,*
*Homme.*
*Laisse-moi vivre pour tempérer les climats et favoriser l'éclosion des fleurs,*
*Laisse-moi vivre pour arrêter les typhons et empêcher les vents de sables.*
*Laisse-moi vivre pour calmer les vents, les nuages, et apporter la pluie au monde.*
*Laisse-moi vivre pour empêcher les inondations,*
*Je suis la mère de tous les fleuves car mes enfants sont tous les ruisseaux.*
*Je suis la richesse de l'Etat car je contribue à la prospérité des villages.*
*J'embellis ton pays par la verdure de mon manteau.*
*Homme,*
*Je suis l'âme de ta Patrie,*
*écoute ma prière, ne me détruis pas.*

Avouez que, détenteur de tels pouvoirs, l'Arbre méritait bien que nous vous le présentions.

Le connaître, c'est l'aimer. L'aimer, c'est tout faire pour le conserver.

Que grâce à ce petit volume, devenu familier des essences ligneuses qui vous entourent, vous donniez raison à Jacques Prévert, lorsqu'il affirme avec délicatesse :

*Quand un enfant*
*de femme et*
*d'homme*
*adresse la*
*parole à un*
*arbre*
*l'Arbre répond*
*l'Enfant l'entend.*

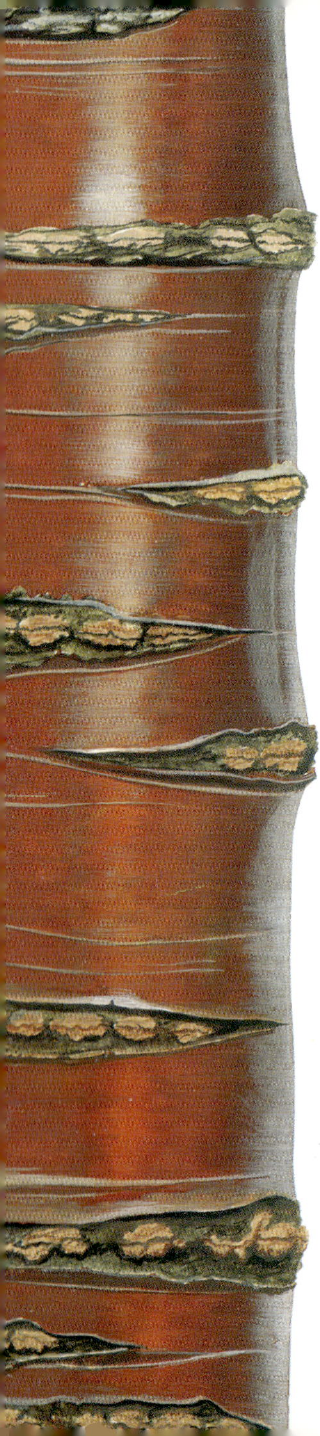

## TABLE DES MATIÈRES



*Dans la même collection :*
B. Duhem, LES CHAMPIGNONS
E. Van Den Driessche, À LA CAMPAGNE
E. Alibert, À LA MONTAGNE
F. et D. Petter, LES FÉLINS
E. Van Den Driessche,
LOUPS, CHIENS, RENARDS ET HYÈNES
*à paraître :*
J. Dorst, G. du Chatenet, LES ANIMAUX EN DANGER